Die Wirkung von Internet-Pornografie
auf Kinder und Jugendliche

Alma Marta

Björn Klein

Die Wirkung von Internet-Pornografie auf Kinder und Jugendliche

Wirkungstheorien, empirische Studien und pädagogische Konzeptualisierungen auf dem Prüfstand

Reihe Aspekte

Die Deutsche Bibliothek verzeichnet diese Publikation in der Deutschen Nationalbibliografie.
Detaillierte bibliografische Daten sind im Internet abrufbar unter http://dnb.d-nb.de

Besuchen Sie unsere Verlage im Internet:

www.alma-marta.de

www.marta-press.de

2. leicht korr. Auflage, April 2021

Printed in Germany.
ISBN 978-3-948731-03-8

Vorwort

Ich schreibe dieses Vorwort aus einem mehr als einjährigen Abstand zu der Zeit, in der ich meine Thesis über die Wirkung von Internet-Pornografie auf Kinder und Jugendliche verfasst habe. Bewusst verzichte ich darauf, mich nachträglich nochmal in einzelne Passagen der Thesis einzulesen, damit ich meine aktuellen Gedanken möglichst eng daran rückbinden könnte. Mir scheint es sinnvoller, eine Art Vogelperspektive einzunehmen und die Vernetzung aufzuzeigen zwischen konkretem Anlass für die Wahl meines Thesis-Themas, verschiedenen Erfahrungen mit ihm während der Erarbeitungsphase und einigen persönlichen Einsichten, die sich ergeben haben.

Vor ca. zweieinhalb Jahren arbeitete ich an einer Hamburger Grundschule. Dort kam ein Mädchen der 4. Klasse auf mich zu und fragte: „Kennst du Katja Krasavice?" Da ich sie nicht kannte, fragte ich, wer das sei. Das Mädchen antwortete: „Eine Pornodarstellerin, die im Internet sext. Und sie singt auch." Dann erzählte das Mädchen weiter, dass es sich mit drei Freundinnen – ebenfalls Kinder auf der Schule – Videos von Katja Krasavice anschaue; und schlug vor, ich könne das auch mal tun. Später fragte mich eine der Freundinnen: „Wie findest du, wenn Frauen sich die Brüste vergrößern lassen – so wie Katja?" Ich fragte zurück: „Wie findest Du das?" Das Mädchen antwortete: „Ich weiß nicht. Aber alle machen das."

Vor derlei Gesprächen mit den Mädchen war mir nicht bewusst, dass Kinder heutzutage schon im Grundschulalter mit Pornografie in Kontakt kommen und sich u. U. nachhaltig Gedanken darüber machen. Nach den Gesprächen sah ich mich pädagogisch herausgefordert, auf die für mich neue Tatsache zu reagieren. Mir kamen Fragen: Ist das ein Zu- und ‚Einzelfall', der sich mir gerade eröffnet – oder ist das verbreitet? Sind die Kinder von dem, was sie da sehen und hören, psychisch-emotional überfordert – oder haben sie intuitive Verarbeitungsstrategien? In puncto Kinderschutz: muss ich die Eltern informieren und ggf. darauf hinwirken, dass den Kindern verboten wird, pornografisches Material im Internet zu rezipieren – oder reicht es, wenn ich vorläufig zur Kenntnis nehme, was mir erzählt wurde, und ich im sensiblen Gespräch mit den Kindern bleibe? Wie schätzen meine Kolleg*innen das alles ein? …

Vermutlich ist leicht nachzuvollziehen, wie ich von solchen Fragen zum Thema meiner Thesis gelangt bin. Als ich anfing, eingehender zu recherchieren, wissenschaftliche Fachbeiträge zu vergleichen und mich mit verschiedenen Leuten über die Informationen, die ich zusammentrug, auszutauschen, wurden schnell ein paar Dinge klar:

1. Die Tatsache, dass Kinder und Jugendliche Pornografie rezipieren, ist ein sowohl allgemein gesellschaftliches als auch spezifisch fachlich-diskursives Reizthema. Ihm bezüglich behaupten viele Erwachsene – egal ob einschlägig vorgebildet oder nicht –

ziemlich Vieles und oft aus einer Art moralischem Reflex. Dahinter ‚geistern' entweder eine politische Agenda, das sprichwörtliche gefährliche Halbwissen oder verschiedenste innere Unsicherheiten bzw. Abwehrimpulse bis hin zu Tabus.

2. Die Wissenschaft beantwortet die Fragen, ob und wie(weit) Internet-Pornografie auf Kinder und Jugendliche wirkt, – soweit überhaupt – kontrovers, oft scheinbar voreingenommen und daher, bei genauerem Hinschauen, wenig kohärent. Meine eigene Einschätzung von Pornografie ist aus politischen Gründen kritisch. Wenn ich wirklich versuchen will, einerseits Aufschluss darüber zu kriegen, ob und wie(weit) Internet-Pornografie auf Kinder und Jugendliche wirkt, andererseits darüber, wie diese Fragen diskursiv verhandelt werden, muss ich meinen eigenen Forschungsblickwinkel weitest möglich neutralisieren. Andernfalls werde ich nur das herausfinden bzw. -filtern, was ich möchte, um meine Einschätzung zu bestätigen. Das wäre unwissenschaftlich.

Wer einigermaßen Überblick darüber gewinnt, wie umfangreich die Summe der wissenschaftlichen und anders diskursiven Beiträge ist, die sich im Zentrum oder peripher-begleitend mit der Wirkung von Internet-Pornografie auf Kinder und Jugendliche beschäftigen, kriegt einen Eindruck vom ‚großen Bedürfnis' in der Gesellschaft, eindeutige und finale Antworten zu erhalten. Noch stehen solche Antworten, trotz der Fülle der Veröffentlichungen, weitgehend aus. Ich hoffe, die Gründe für diesen Ausstand – besonders mit Blick auf argumentative Verstrickungen und Sackgassen – in meiner Thesis plastisch machen zu können. Mir scheint, dass, bevor eine dezidierte Klärung der Wirkungsfrage möglich ist, immer noch Einiges an Arbeit dahingehend bevorsteht, den Diskurs von unreflektierten Voranahmen, vagen Schlussfolgerungen, überambitionierten Perspektivinnovationen etc. zu säubern. Solange dies nicht bewerkstelligt ist, halte ich es für ratsamer, überzeugender und zielführender, weniger Politik mit der Wissenschaft und mehr Politik ohne die Wissenschaft zu betreiben. Fehler in der wissenschaftlichen Logik schwächen eine wissenschaftlich flankierte politische Argumentation; andersherum schwächen (auch diskurs-)politische Pauschalmotive, die in die Wissenschaft eingehen, den Aussagegehalt und die Seriosität von Wissenschaft. Was last, but not least die Pädagogik betrifft, muss sie, egal wie das Spannungsfeld zwischen Politik und Wissenschaft gegenwärtig jeweils aufgerissen sein mag, das Risiko eingehen und aushalten, in ungesicherten Moral- und Erkenntnisbezügen eine gleichzeitig provisorische, möglichst differenzierte und verantwortliche Alltagspraxis zu realisieren. Wenn ich Glück habe, kann meine Thesis hierzu einen nutzbaren Beitrag leisten.

Hamburg, 12. Januar 2021 Björn Klein

Inhaltsverzeichnis

1. Einleitung

Diese Thesis befasst sich mit der Wirkung sexualisierter Medienbilder auf Kinder und Jugendliche. Am Beispiel internetgestützter Pornografie-Rezeption soll untersucht werden, welche Wirkungszusammenhänge theoretisch denkbar, welche empirisch verifiziert sind und welche pädagogischen Konzeptualisierungen in Wechselbeziehung mit dem (fach)öffentlichen Pornografie-Diskurs abgeleitet und gestaltet werden.

Der übergeordnet gesellschaftsdiagnostische Grund dafür, warum sich, um das Thema dieser Thesis zu exemplifizieren, ein Fokus auf das Genre Pornografie anbietet, wird von Lewandowski benannt. Er schreibt:

> „Öffentliche Debatten über die Medialisierung des Sexuellen wie die Sexualisierung des Medialen machen sich oftmals am Topos Pornografie fest, so dass Pornografie gleichsam als ein Brennglas der öffentlichen Auseinandersetzung mit Sexualität im Allgemeinen und medialisierter Sexualität im Speziellen erscheint.“ (Lewandowski 2015: 33f.)

Auch stellt Lewandowski heraus, dass die öffentlichen Debatten, die er beschreibt, partiell von einem pädagogisch inspirierten Besorgtheitsdiskurs getragen werden. (Vgl. ebd.: 34) Durch seinen Spot auf die (hier: Sozial-)Pädagogik lässt sich, als direkte logische Folge, ein klar umrissenes Personen(gruppen)klientel bestimmen, das im Zusammenhang mit Pornografie-Rezeption regelmäßig thematisiert wird: Kinder, Jugendliche und junge Erwachsene.[1] Im Mittelpunkt stehen Fragen bezüglich einer „möglichen Entwicklungsgefährdung Minderjähriger“ (Korte 2018: 63), wobei die technische Entwicklung des Internets, die Konventionalisierung seiner privaten Nutzung durch Kinder und Jugendliche sowie die kumulative, unkontrollierbare Verbreitung internetpornografischer Medienangebote eine anhaltende, bisweilen hoch emotionalisierte Kontroverse zufolge haben. Korte schreibt:

> „Bis heute gelangen Psychologen, Kinder- und Jugendmediziner, Soziologen, Sexual- und Medienpädagogen bzw. Medienwirkungsforscher zu unterschiedlichen, teils widersprüchlichen Einschätzungen, ein Konsens in der Frage einer generellen Unbedenklichkeit der veränderten medialen Sozialisationsbedingungen ist nicht in Sicht.“ (Ebd.: 63)

Vor dem Hintergrund dieser (fach)öffentlichen Diskurssituation zielt die vorliegende Thesis auf eine vorübergehende Bestandsaufnahme ab, in der das Binnengeflecht der einzelnen Diskursperspektiven, ihrer Spiegelung in den empirischen Studien einerseits und

---

[1] Diese Thesis fokussiert auf Kinder und Jugendliche als Hauptklientel pädagogischer Theorie und Praxis.

andererseits in den pädagogischen Konzeptualisierungen kritisch analysiert und mit Blick auf offene Theorie- und Forschungsfragen produktiv gemacht wird.

Das 2. Kapitel der Arbeit widmet sich einer Hinführung zur Frage, was unter Pornografie zu verstehen ist. Dabei werden zuerst diverse Aspekte der Pornografie-Definition besprochen und anschließend mögliche Rezeptionsfunktionen, die Pornografie erfüllen kann, beschrieben. In einem weiteren Schritt wird der Blick auf die zentralen theoretischen Ansätze und Argumentationspolarisierungen im gegenwärtigen Pornografie-Diskurs gelenkt.

Das 3. Kapitel befasst sich mit dem Internet als zentralem Bereitstellungs- und Rezeptionsmedium für Pornografie. Nach einer Skizze ‚klassischer' Konzeptionen der Medien-Theorie[2] wird das Medium Internet als Kommunikator pornografischer Darstellungsinhalte ins Auge gefasst. Mit Blick auf Pornografie-Rezeption werden sowohl technische Qualitäten als auch ökonomische Faktoren des Internets benannt. Des Weiteren folgt eine Übersicht internetpornografischer Angebotsformate, die für Kinder und Jugendliche medienschrankenlos zugänglich sind.

---

[2] Dieser Schritt wird für relevant gehalten, weil er den Blick darauf schärft, in welcher Position sich Rezipient*innen von medialer Kommunikation grundsätzlich befinden (können) und wie durch das Internet eine eigene und neue Qualität medialer Kommunikation entstanden ist.

Das 4. Kapitel thematisiert ausführlich die Frage der Wirkung von Internet-Pornografie auf die Rezipient*innen-Gruppe der Kinder und Jugendlichen. In einem ersten Schritt werden Medienwirkungstheorien vorgestellt, und es wird ihre gängige Übersetzung in Theorien der Pornografie-Wirkung auf Kinder und Jugendliche erklärt. Als zweiter Schritt folgt eine Besprechung relevanter Studien, die im (fach)öffentlichen Diskurs hinsichtlich (möglicher) Wirkungen[3] von Internet-Pornografie auf Kinder und Jugendliche diskutiert werden. Im dritten Schritt werden theorie- und forschungsparadigmatische Anpassungen (*Lovemaps*-Konzept und *Uses and Gratification Approach*) aufgezeigt, die, diskurshistorisch, aus Diskrepanzen zwischen den ‚klassischen' wirkungstheoretischen Annahmen einerseits und andererseits der Mehrzahl empirischer Studienergebnisse vollzogen worden sind. Das Kapitel schließt mit einer kritischen Reflexion der Präsentationshabitus' empirischer Forschungsergebnisse und befragt sie hinsichtlich ihrer möglichen Ideologiebehaftung.

---

[3] In dieser Thesis wird zwischen dem Singular Pornografie-Wirkung und dem Plural Pornografie-Wirkungen hin- und hergewechselt. Der Singular repräsentiert in der Regel die Diskursebene der Wirkungstheorie und -forschung, während der Plural konkret-empirische (faktische oder mögliche) Wirkungsbefunde meint (wenn nur ein konkret-empirischer Befund gemeint ist, muss logischerweise auch der Singular verwendet werden).

Das 5. Kapitel setzt sich mit pädagogischen Konzeptualisierungen der (Internet-)Pornografie-Rezeption von Kindern und Jugendlichen auseinander. Dabei werden kompetenz- und nutzungsorientierte, eigenstudienbasierte sowie pornografie-kritische Konzeptualisierungen gegenübergestellt und bezüglich ihres wissenschaftlichen Relationsgehalts zu den empirischen Forschungserkenntnissen eingeschätzt.

Das kritische Fazit legt unklare bis inkohärente Bezüge zwischen theoretischen Argumentationslinien, empirischen Forschungsergebnissen und pädagogischen Konzeptualisierungen offen. Außerdem wird ein Ausblick auf relevant erscheinende zukünftige Forschungsaspekte gegeben.

2. Pornografie

Das 2. Kapitel widmet sich allgemein der Frage: Was ist Pornografie? Schon beim Versuch, Antworten auf diese Frage zusammenzustellen, fällt auf, wie vielschichtig, kontrovers und zum Teil widersprüchlich das Phänomen Pornografie in einschlägigen Diskursbeiträgen betrachtet wird. Auch bei Antwortgeber*innen, die formaleditorisch gemeinhin als eher neutral zu gelten haben (z. B. Lexikondefinitionen), lassen sich signifikante Wertperspektivierungen nachweisen, die einen ersten Eindruck davon vermitteln, dass Pornografie selten ideologie- und interessenfrei thematisiert wird.

2.1. Definitorische Facetten und Perspektiven

Um den Weg für eine erste Verständnisannäherung zu bahnen, stellt der folgende Kapitelabschnitt verschiedene definitorische Facetten und Perspektiven von Pornografie exemplarisch vor. Dabei wird in einem ersten Schritt ausschließlich auf den Begriff ‚Pornografie'[4] fokussiert. Danach soll, um den sprachsemantischen Definitionen eine pragmatisch-funktionslogische Sichtweise beiseite zu stellen, beschrieben werden, welchen Funktionsgehalt Pornografie für Rezipient*innen erfüllen kann.

2.1.1. Begriffssemantische Konzepte

Eine eindeutige begriffliche Bestimmung von ‚Pornografie' ist laut Kromer nicht möglich. Dies hat 2 Gründe: zum einen unterliegt der Begriff ‚Pornografie' einem schnelllebigen (gesellschafts-)historischen Wandel; zum anderen sind seine definitorischen Konzeptionen meistens stark meinungsgeprägt (Vgl. Kromer 2008: 4), somit kontextrelativ und mitunter auch ideologisch bis subjektivistisch zu lesen.

Etymologie

Etymologisch geht der Begriff ‚Pornografie' auf die griechische Sprache zurück und bildet ein Kompositum aus *porne*, deutsch *Hure*, und *graphein*, deutsch *schreiben* bzw. *Beschreibung*. Entsprechend wäre eine

---

[4] ‚Pornografie' wird in dieser Thesis nur dann in einfache Anführungszeichen gesetzt, wenn ‚Pornografie' gerade ausschließlich als Begriff besprochen wird. Sobald erweiterte Besprechungsaspekte und -assoziationen einfließen, entfallen die Anführungszeichen.

sinnhafte etymologisch akzentuierte Übersetzung des Begriffs ‚Pornografie' in etwa *über Huren schreiben* oder *Hurenbeschreibung*. (Vgl. Kromer 2008: 4) Schon bei der interpretatorischen Füllung der etymologisch akzentuierten Übersetzung beginnt die diskursive Auffächerung des begrifflichen Verständnisses von Pornografie. (Vgl. Kapitel 2.2.2. dieser Arbeit)

Juristische Definition und Lexikondefinitionen

Auch die in Deutschland gültige juristische Definition sowie Definitionen aus allgemeinen Lexika enthalten wertbesetzte semantische Unschärfen, die eine abschließende Bestimmung des Begriffs ‚Pornografie' unmöglich machen. Unter *einfacher Pornografie*[5] werden im deutschen Gesetz etwa Darstellungen verstanden, „die […] sexuelle Handlungen […] in grob aufdringlicher, anreißerischer Weise anbieten, wobei

---

[5] In Abgrenzung zur *einfachen Pornografie* ist die juristische Definition von *harter Pornografie* insofern präzise konturiert, als sie die Darstellung klar bestimmbarer sexueller Handlungen bzw. Handlungssettings auflistet: sexuellen Missbrauch an Kindern, Sex zwischen Mensch und Tier sowie gewalttätigen Sex. (Vgl. Sohn 1996: 11) Identifizierbare Wertimplikationen führen hier, vordergründig betrachtet, nicht zu semantischen Verwischungen, da die Frage, wann strafrechtlich relevante Missbrauchs- und überhaupt Gewalthandlungen vorliegen, gesetzlich eindeutig geregelt ist. Allerdings muss darauf hingewiesen werden, dass ein signifikant hoher Anteil *einfacher* (also legaler) *Pornografie* sowohl produktionsbedingt als auch mit Blick auf die Darstellungsinhalte unterschiedlichste, häufig strafrechtlich relevante Gewalthandlungen – auch in Form sexuellen Missbrauchs – indiziert. (Vgl. hierzu Kapitel 6 dieser Arbeit.)

die betont hervorgehobenen Geschlechtsorgane den wesentlichen Bildinhalt darstellen." (Sohn 1996: 11f.) Die Adjektivwendungen *grob aufdringlich* und *anreißerisch* geben aufgrund ihrer affektiv aufgeladenen, aber semantisch unkonkreten Charakterisierung keine präzise definitorische Orientierung; auch die Wendungen *betont hervorgehoben* und *wesentlich* bleiben semantisch vage. Das Bertelsmann Lexikon versteht unter ‚pornografisch': „die geschlechtliche Begierde mit primitiven Mitteln anreizend" (Bertelsmann zitiert nach Kromer 2008: 7). Das Adjektiv *primitiv* konnotiert eine überwiegend moralisch-(ab)wertende Lesart; dabei kann die Frage, was als primitiv zu beurteilen sei und was nicht, je nach kultureller, anderweitig kollektiv gewohnter oder sogar individuell neigungsgeleiteter Einschätzung des*r Pornografie-Rezipient*in unterschiedlich beantwortet werden. Im Duden wird Pornografie als „sprachliche, bildliche Darstellung sexueller Akte unter einseitiger Betonung des genitalen Bereichs und unter Ausklammerung der psychischen und partnerschaftlichen Aspekte der Sexualität" (Duden 2019) definiert. Auch das Adjektiv *einseitig* enthält in seiner Semantik eine wertend perspektivische Komponente; denn es weist einerseits auf Hervorhebung bzw. Fixierung hin, andererseits auf Exklusion von als wesentlich vorausgesetzten Sexualitätsaspekten. Der 2. Teil der Duden-Definition formuliert zudem einen spezifischen Exklusionszusammenhang als konstitutiv für Pornografie; dabei wird behauptet, dass die in pornografischen Darstellungen gezeigten Emotions- und Sexualerregungsverläufe prinzipiell nichts mit der menschlichen Psyche bzw. menschlichem Partnerschaftsverhalten zu tun hätten.

Wissenschaftliche Definitionsentwürfe

Vogelsang weist im Rahmen der theoretischen Grundlegung ihrer Studie darauf hin, dass für wissenschaftliche, empirisch gerichtete Erkenntnisversuche eine möglichst wertneutrale und deskriptive Definition von ‚Pornografie' zu erarbeiten und vorzuziehen sei. Die Subjektivierungen und Normativitäten wertgebundener definitorischer Konzeptionen von ‚Pornografie' hält sie für wissenschaftlich unbrauchbar. Dies begründet sie u. a. damit, dass solche Konzeptionen nicht mit dem gegenwärtig paradigmatischen Bildungsverständnis, das von *kompetenten* und (potenziell) *autonom wertenden* heranwachsenden Rezipient*innen ausgeht, vereinbar seien. (Vgl. Vogelsang 2017: 24) Vogelsang schlägt vor diesem Hintergrund vor, ‚Pornografie' im Sinn Zillmanns als Darstellungen sexuellen Verhaltens zu beschreiben, das a) jegliche Arten umfasst und b) von jeder denkbaren Konstellation beteiligter, handelender Akteur*innen bzw. Subjekte praktiziert wird. Im Zentrum pornografischer Darstellungen steht laut Vogelsang der menschliche Geschlechtsverkehr als Verhaltensziel, wobei ihm vorangehende Handlungen sowie verschiedene Abweichungen vom heterosexuellen Geschlechtsverkehr (z. B. Masturbation oder homosexuelle Konstellationen) ins

Darstellungsschema integriert sind. Die Produktion und Rezeption von Pornografie bezwecken vorrangig sexuelle Stimulation. (Vgl. Vogelsang 2017: 24) Auffällig ist, dass beim Versuch, ‚Pornografie' möglichst wertneutral-deskriptiv zu definieren, ein derart hohes begriffliches Abstraktionsniveau entfaltet wird, dass eine konkrete, anschaulich gefüllte Vorstellung dessen, was gemeint sein könnte, kaum mehr möglich ist. Auch entfallen etwaige Binnendifferenzierungen wie diejenige zwischen erotischer und pornografischer Darstellung.[6]

Lemke und Weber umreißen das definitorische Verständnis von ‚Pornografie', das in der quantitativen Sozialforschung vorherrschend ist. Demnach seien pornografische Darstellungen solche, „die nackte Körper und sexuelle Interaktionen sehr direkt und detailliert darstellen (inhaltliche Ebene) sowie vorwiegend zum Zweck der sexuellen Stimulation produziert und rezipiert werden (funktionale Ebene)." (Lemke; Weber 2016: 97)

---

[6] Mit Blick auf die Binnendifferenzierung zwischen erotischer und pornografischer Darstellung vgl. S. 24 dieser Arbeit.

Definitionskonzept für ‚filmische Pornografie'

Aufgrund des Themas dieser Thesis[7] bedarf es eines Blicks auf begriffsdefinitorische Konzeptionsversuche von ‚filmischer Pornografie'.[8] Kromer bietet einen Überblick über derartige Versuche. Sie bezieht sich

---

[7] Bei einer Analyse der Wirkung von Pornografie auf Kinder und Jugendliche könnte es auf den ersten Blick naheliegen, auch die definitorischen Konzepte zu berücksichtigen, die die anvisierte Rezipient*innengruppe selbst konstruiert. Vogelsang bemerkt allerdings, dass diese Konzepte, soweit von Jugendlichen in Gruppendiskussionsstudien entworfen, keine Grundlage für ein wissenschaftliches Verständnis von Pornografie bieten könnten: sie seien zum einen stark wertgeprägt, zum anderen bei Jungen und Mädchen tendenziell unterschiedlich; auch finde eine Einschränkung auf bestimmte Medienformate statt.[7] (Vgl. Vogelsang 2017: 25).

[8] Wichtig ist, dass filmische Pornografie, verstanden als ‚narrative Story' im weitesten Sinn, lediglich *eine* relevante Darstellungsoption internetgestützter Pornografie ist. Mittlerweile sind andere mediale Darstellungsformen vergleichbar relevant: z. B. pornografische GIFs, online gestellte Videomitschnitte von privatem Sex, Sexting-Selfies u. a. D. h. die Aufschlüsselung filmisch(-narrativer) Pornografie ist notwendig, aber nicht hinreichend. Eine detaillierte Aufschlüsselung anderer Darstellungsformen ist im Rahmen dieser Thesis aus Platzgründen nicht möglich. Für eine grobe Aufschlüsselung vgl. S. 50f. dieser Arbeit. Zudem beschränken einige wissenschaftliche Arbeiten, die sich theoretisch und empirisch mit der Relevanz von Pornografie für Jugendliche auseinandersetzen, Internet-Pornografie bewusst auf im weitesten Sinn filmisch(-narrative) Darstellungsformen, um sie von Phänomenen wie z. B. Sexting abzugrenzen. Andere Arbeiten beziehen Phänomene wie Sexting bewusst mit ein. Vgl. hierzu auch Seite 125 dieser Arbeit.

auf Faulstichs Verständnis von ‚filmischer Pornografie' und beschreibt sie als (Vgl. Kromer 2008: 8-12):

- explizit detailliert: Konzentration der filmischen ‚Story' auf die direkt-explizite Darstellung sexueller Praktiken; stereotype Figuren ohne spezifische individuelle Merkmale; Reduktion der Figuren auf Geschlechtlichkeit; Handlung und Raumsetting der ‚Story' als lose Konnektoren zwischen Darstellungseinheiten sexueller Praktiken.
- fiktional wirklich: dargestellte sexuelle Praktiken sind zwar in gespielter ‚Story' eingebunden, dabei aber real ausgeführt; trotzdem Charakter des Imaginären, da real vollzogene sexuelle Praktiken ‚im Medium' verbleiben: inszenierter, medial kommunizierter realer Sex.
- szenisch narrativ: erzählt wird das primär sexuelle Interesse der Figuren als deren Handlungsmotivation; episodisch strukturierte Handlungen in imaginärer Welt.

Auch Faulstich führt im Zuge seines Konzeptionsversuches unscharfe, wertbesetzte Kategorien ein, z. B. die ‚Ästhetik des Häßlichen' (Vgl. ebd.: 9). Deshalb reduziert Kromer selbst in ihrer Arbeitsdefinition Faulstichs Konzeption auf die o. g. drei Basiseigenschaften.

Ein weiteres definitorisches Unterscheidungskriterium wird durch die Abgrenzung des pornografischen zum erotischen Film hergestellt. Der erotische Film solle laut Kromer Entspannung erzeugen, sei in eine Geschichte eingebettet, würde neben der Physis auch die Psyche der Figuren im narrativen Blickwinkel berücksichtigen und gesellschaftliche Normen darstellen; der pornografische Film hingegen solle Spannung erzeugen, sei auf die Darstellung von Sexualität reduziert, fokussiere sich im narrativen Blickwinkel ausschließlich auf die Physis und würde gesellschaftliche Normen überschreiten. (Vgl. Kromer 2008: 11) Stähler bietet eine binnendifferenzierte Kategorisierung erotischer bis pornografischer Filme.[9] (Vgl. Stähler 2014: 27f.)

---

[9] Aus Platzgründen kann auf diese Kategorisierung nicht näher eingegangen werden. Sie bietet allerdings eine interessante Bezugsbasis dafür, sich mit einigen begrifflichen Framings und Ungenauigkeiten im Pornografie-Diskurs auseinanderzusetzen. Die Verwendung von Begriffen wie Mainstream-, Softcore-, Hardcore-, Amateur- oder Spezial-Pornografie ist sehr uneinheitlich. Diese Tatsache bedarf einer eigenen diskursanalytischen Erforschung und hat den Verfasser der vorliegenden Thesis vor terminologische Schwierigkeiten gestellt, die nur z. T. und daher unbefriedigend ausgeglichen werden konnten. – Eine ähnliche, diskursgestalterisch wahrscheinlich noch folgenreichere terminologische Unklarheit lässt sich bezüglich des Begriffs *Gewalt* diagnostizieren. Vgl. hierzu S. 117-122 dieser Arbeit.

2.1.2. Funktionsbeschreibungen

Neben der begrifflich-semantischen Konzeptionsebene ist, um das Phänomen Pornografie zu umreißen, ein ergänzender Blick auf funktionale Deskriptive sinnvoll. Denn im Laufe dieser Thesis wird die Frage, wozu Kinder und Jugendliche internetgestützte Pornografie rezipieren, in einen diskursanalytischen Zusammenhang zur Frage nach (möglichen) Rezeptionswirkungen treten.[10] Starke gibt einen komprimierten Überblick über die Funktionen von Pornografie für Jugendliche.[11] Er umreißt (Vgl. Starke 2010: 23-29):

- die partnerschaftliche Funktion: Darstellung von Paar-Sex; ‚klassisches Modell' (starker, agierender Mann und wollende, genießende Frau); Identifikation mit dem Rezipierten; Kompensation von „sexuelle[n] Defizite[n]" (Ebd.: 24) in der eigenen Paarbeziehung; gemeinsame Pornografie-Rezeption bei Paaren.[12]

---

[10] Vgl. hierzu insbesondere Kapitel 4.3., 4.4. und 6. dieser Arbeit.

[11] Die Funktionen der Pornografie-Rezeption von Kindern sind noch nicht nähergehend erforscht. Es gibt vereinzelt eingestreute Annahmen hinsichtlich einer möglichen Kompensationsfunktion. Zu weiteren möglichen Funktionen vgl. S. 28 dieser Arbeit.

[12] Die gemeinsame Pornografie-Rezeption ist oft gekoppelt an andere Funktionen: z. B. Unterhaltung, Befriedigung von Neugier, Anregung (auch zur Vorbereitung auf das eigene sexuelle Liebesspiel).

- die sexuelle Lustfunktion: gilt als Hauptfunktion; im Unterschied zur partnerschaftlichen Lust als *nicht komplex* beschrieben; auf „schnelle Lust" (Starke 2010: 24) zielend.
- Entspannungs-/Ventilfunktion: Abfuhr sexuellen ‚Drucks'; Geltung vorrangig für Männer; Verbindung von sexuell-körperlicher und seelisch-psychischer Entspannung; Ausleben normabweichender sexueller Neigungen (in dieser Hinsicht relevant für den Jugendschutz, weil Pornografie, wie einschlägig diskutiert wird, auch positive Verstärkerwirkung[13] haben könnte).
- Bestätigungsfunktion: Selbstvergewisserung sexueller Potenz; Masturbationstraining (zunehmend auch für Frauen).
- Spaßfunktion: Initiator sexuellen Vergnügens.
- Tauschfunktion: u. U. Tausch von Geld gegen Sex und sexuellen Genuss.
- Kompensationsfunktion: Ausgleich nichtsexueller allgemeiner Lebens- und spezifischer Gefühls-Disbalancen, die oft defizitär erlebt werden.
- Kommunikationsfunktion: nur bedingt vorhanden, nämlich wenn Pornografie ins partnerschaftliche Sexualleben integriert wird.

---

[13] *Positiv* hier nicht im wertenden Sinn gemeint, sondern in demjenigen der ‚klassischen' Konditionierungstheorie.

- Zugriffsfunktion: direkte Verfügbarkeit sexueller Wunschbilder; Kritik hieran aus feministischer, pornografie-kritischer Perspektive (Bemächtigung weiblicher Akteurinnen durch rezipierende Männer; mediale Realisierung männlicher Machtfantasien).
- Schaulustfunktion: Möglichkeit der sexuell voyeuristischen und exhibitionistischen Betätigung als Akteur*innen und/oder Rezipient*innen; Privatpornografie im Cybersexbereich gewinnt diesbezüglich an Relevanz und Verbreitung.
- Autonomiefunktion: Wegfallen des normativ besetzten realpartnerschaftlichen und gesellschaftlichen Kontextes von Sexualität; Wegfallen von Scham- und Schuldgefühlen und damit gekoppelten Verhaltenslenkungen.
- Eskapadenfunktion: sexueller Eskapismus bzw. „Flucht vor der Realität, vor partnerschaftlichen Anforderungen, vor sexuellen Problemen in die pornografische Scheinwirklichkeit" (Starke 2010: 26).
- Tabubruch- und Grenzüberschreitungsfunktion: Testung und Belastung der öffentlichen Moral- und Toleranzspektren; in dieser Hinsicht besonders für Jugendliche relevant.
- Lernfunktion: Befriedigung von Neugier und ‚Wissensdurst' hinsichtlich des Themas Sexualität (kann Enttäuschung über ‚Wahrheit' implizieren); Adaption von Sexualtechniken.

- Erotikfunktion: umstritten (ansonsten keine konkreten Beschreibungen von Starke, sondern Hinweise auf Relativität der subjektiven ästhetischen Bewertung von Pornografie).
- Schlüsselreizfunktion: zentrale Funktion (obwohl nicht bei jeder Pornografie für jede*n Rezipient*in greifend); Aktivierung von sexueller Erregung und genitaler Veränderungen bei den Rezipient*innen, gekoppelt an Lusterlebnis und Aktivierung der sexuellen Aktionsbereitschaft.
- Vorlustfunktion: Genießen (und z. T. zeitliche Ausweitung) präorgastischer Lust.
- Ersatzfunktion: Sexualsubstitut für Menschen, die aus diversen Gründen im ‚realen Leben' keine*n Sexualpartner*in(nen) finden oder aus anderen Gründen nur Selbstsex haben.

Mit Blick auf die Pornografie-Rezeption von Kindern ist anzumerken, dass dieselben meistens zufällig und nicht selbstmotiviert mit Pornografie in rezeptiven Erstkontakt kommen. (Vgl. Kapitel 4.2.2. dieser Arbeit) Nach dem Erstkontakt können aber folgende Funktionen bedeutsam werden: Spaßfunktion; Tabubruch- und Grenzüberschreitungsfunktion; Lernfunktion.[14]

---

[14] Für eine alternative Funktionen-Typologie vgl. Stähler 2014: 46-53. Außerdem vgl. den Hinweis auf Motivations- und Funktionsforschung auf S. 87 dieser Arbeit.

2.2. Theoretische Ansätze und Polarisierungen im gegenwärtigen Pornografie-Diskurs

Im folgenden Kapitelabschnitt werden theoretische Ansätze skizziert, die zeigen, welche diskursargumentativen Verständnisweisen und Blickwinkel die Debatte um Pornografie in der Öffentlichkeit bestimmen. Es ist eine deutliche Polarisierung zwischen zwei kontrovers aufeinander bezogenen Diskurslinien beobachtbar. In einer der beiden Linien wird Pornografie gleichzeitig als gesamtgesellschaftlicher Gestus sexueller Emanzipation sowie Genuss- und Konsumgut einer globalisierten Populärkultur verstanden; in der anderen gilt Pornografie als Träger und Ausdruck patriarchalisch-misogyner Ausbeutungs- und Machtstrukturen.

2.2.1. Pornografie als populärkulturelles Genuss- und Konsumgut sowie sexualemanzipatorischer Gestus

Ausgehend von den Cultural Studies und ihrem heterogenisierenden Kulturbegriff lässt sich Populärkultur durch das Auftreten von populärer „Kulturware" (Kromer 2008: 37) kennzeichnen. Eine Kulturware sei durch verschiedene kulturelle, dabei teilweise auto-

nome, teilweise hybridisierende Identitätsformen, deren Vermarktung, d. h. insgesamt durch identifikatorisch wirksame und gleichzeitig globalisierte Handlungs- und Handelsformen charakterisiert. Populär ist laut Fiske eine Kulturware dann, wenn deren weitverbreiteter Konsum mit deren genauso weitverbreiteten kritischen Ablehnung zusammenfällt.[15] (Vgl. Kromer 2008: 37)
Der expansive marktwirtschaftliche Stellenwert, den Pornografie-Produktion, -Vertrieb und -Konsum in den USA und Deutschland haben, wird von Bader wie folgt veranschaulicht:

> „Deutschland ist im Jahr 2007 nach den Vereinigten Staaten von Amerika der größte ‚Pornoproduzent' weltweit: Mit einem Jahresumsatz von über 800 Millionen Euro erscheinen auf dem Markt der deutschen Pornographie-Industrie monatlich mehr als 1000 DVDs mit Erotikfilmen." (Bader 2016: 11)

Laut Korte betrug der globale Jahresumsatz der Pornografie-Vertriebsbranche schon vor Jahren offiziell geschätzte 97 Milliarden Dollar. Sowohl Bader als

---

[15] Auf beide Faktoren, Konsum (Affirmation) und Ablehnung, wird im Laufe dieser Arbeit wiederholt eingegangen. Der Kapitelabschnitt 2.2.1. fokussiert ausschließlich den Faktor Konsum (Affirmation). Für eine erste Auseinandersetzung mit dem Faktor Ablehnung vgl. den nachfolgenden Kapitelabschnitt 2.2.2.

auch Korte verweisen auf die kontinuierlich zunehmende Relevanz des Internets für die Pornografie-Vertriebsbranche. (Vgl. Korte 2018: 94-97; Bader 2016: 11) Die Website youporn.com z. B. wird pro Tag durchschnittlich 100 Millionen Mal aufgerufen. (Vgl. Korte 2018: 96)

Ein nicht hinreichendes, aber notwendiges Basismerkmal von Pornografie als populärkulturellem Genuss- und Konsumgut ist, dass sie als „Produkt der westlichen Mediengesellschaft[16] gewertet werden" (Stähler 2014: 23) muss. Diese Verortung bezieht sich sowohl auf die Herstellung von Pornografie, bei der die Pornodarsteller*innen sich selbst und ihre Sexualhandlungen als Ware bereitstellen, als auch auf den Pornografie-Konsum, der durch die verifizierbaren Nachfrageaufkommen ein sexualpsychologisches Kaleidoskop der ‚(post)modernen Gesellschaft' bildet. (Vgl. ebd.: 23) Ein weiteres entsprechendes Basismerkmal von Pornografie ist ihre gesamtgesellschaftliche, sozial- und wirtschaftsschichtunabhängige, d. h.

---

[16] Dass Pornografie als Produkt der westlichen Mediengesellschaft angesehen wird, bedeutet nicht, dass sie nur in diesen Gesellschaften vorkäme. Die Gesellschaftsmechanismen der ‚westlichen Mediengesellschaft' und ihre spezifischen Produktions- und Vertriebsbedingungen lassen sich mittlerweile in allen Ländern der Welt mehr oder weniger nachweisen; diese Entwicklung, unter Akzentuierung seines kapitalistischen Charakters, ist zentraler Teil dessen, was gemeinhin Globalisierung genannt wird.

letztlich ‚demokratisierte' mediale Verfügbarkeit. (Vgl. Stähler 2014: 23)

Mit der Konzeptualisierung von Pornografie als populärkulturelles Genuss- und Konsumgut ist in der einschlägigen Literatur direkt ihre Konzeptualisierung als sexualemanzipatorischer Gestus verbunden. Dieser Gestus ergibt sich, sobald Pornografie und ihre globale Ausbreitung als Reaktion auf tradierte patriarchalische Familienmuster, als ‚gelungener feministischer Vorstoß' mit Blick auf die sexuelle Befreiung der Frau sowie als Identifikationsgenre der Schwulenbewegung interpretiert werden.[17] (Vgl. Steffen 2014: 53f.) In diesem Sinn schreibt Steffen, dass „der Prozess der Pornifizierung grundsätzlich mit einer sexuellen Revolution und der Liberalität gegenüber sexuellen Praktiken und Identitäten einhergeht" (Ebd.: 54). Pornografie ist – aufgrund der allgemeinen Mediatisierung des gesellschaftlichen Lebens bis hinein in die Privathaushalte, besonders durch das Aufkommen des Fernsehers, die heutige Popularität von DVDs und kostenlos zugänglichen Internetfilmen – sozusagen zu einem ganzheitlich integrierten Allgemeingut der Gesellschaft geworden. In diesem Sinn entzieht sie sich (jedenfalls bislang in Deutschland) gesellschaftsstrukturell einer kategorischen moralisch-ethischen und juristischen

---

[17] Einer Realgültigkeit dieser Interpretation stehen die Argumente der historischen und aktuellen pornografie-kritischen Diskurslinien entgegen. Vgl. hierzu Kapitel 2.2.2. und 6. dieser Arbeit.

Negativbeurteilung und Totalsanktionierung. (Vgl. Steffen 2014: 54) Die Integration von Pornografie in die Matrix der ‚modernen Gesellschaft' umfasst auch die sog. Hardcore-Pornografie als Teil des Mainstreams.[18] Außerdem haben sich mittlerweile in mediatisierten ökonomisch-kulturellen Angebotsvermarktungen wie Werbung, Musikvideos, Modemagazinen etc. offene und symbolisch-diskrete Bezüge auf Pornografie etabliert. Steffen bezeichnet dieses Gesamtphänomen als „Porn Chic" (Ebd.: 55). Im vordergründigen Widerspruch zur Konzeptualisierung als sexualemanzipatorischer Gestus erzeugt Pornografie, laut Steffen, ihre Attraktivität mithilfe der Darstellung von „traditionellen Geschlechterrollen, Machtverhältnissen und -beziehungen."[19] (Ebd.: 55)

Kromer diagnostiziert neben der Macht der Kulturindustrie ‚von oben' eine Macht der Rezipient*innen ‚von unten'. Die Macht der Rezipient*innen sei

---

[18] Mainstream wird hier verstanden als diejenige Gesellschaftsdomäne, in der, quantitativ messbar, bestimmte Konsumgüter derart oft bezogen und/oder genutzt werden, dass diese Konsumgüter, im durchschnittlichen Vergleich zu anderen Konsumgütern, als Hauptkonsumgüter einer Gesellschaft gelten können.

[19] So gesehen, müsste Pornografie also eher nicht als allgemeines Liberalisierungsindiz, sondern als vermarktungslogische, mediale Transparentwerdung patriarchaler Sexualkonstellationen im Sinn vor allem männlicher (Lust-)Interessen verstanden werden. Dass viele ‚liberale Frauen', die sich gesellschaftlich frei wähnen, oft ihre eigenen (Lust-)Interessen abhängig von denjenigen der ‚herrschenden Männer' arrangieren, wird in einigen feministischen Diskurslinien kritisiert.

weiten Teils von der marktwertig-finanziellen Beschaffenheit eines Kulturprodukts abgekoppelt. Dadurch, dass sich Rezipient*innen für den Kauf eines bestimmten Kulturproduktes entscheiden und gegen den Kauf anderer, eignen sie sich ein bestimmtes Kulturprodukt an, machen es so zur *eigenen Kultur* und schaffen seine Bedeutung. Außerdem wird das gewählte Kulturprodukt schon durch die Kaufentscheidung in den Dienst der Rezipient*innen-Interessen gestellt, insbesondere des jeweiligen eigenen Vergnügens. (Vgl. Kromer 2008: 41) Kromer schreibt: „Rezipienten entscheiden durch diese taktische Macht, welches Medienprodukt letztlich der Populärkultur zugerechnet werden kann.“ (Vgl. ebd.: 42) Auch weist sie darauf hin, dass „populärkulturelle Vergnügen“ (Ebd.: 42) einen subversiven, oppositionellen Charakter haben können. Im Fall der Pornografie tritt dieser Charakter durch eine Fokussierung aufs Körperliche zutage, die verschiedene gesellschaftlich generalisierte Disziplinierungen – solche durch normative Diskurse, die ‚Arbeitswelt‘ und andere zivilisatorische Kontrollen – konterkariert. Entsprechend werde, laut Kromer, „Vergnügen bei Pornofilmen gerade dann von Rezipienten empfunden […], wenn diese Filme den real gelebten Alltagsregeln zuwiderlaufen.“[20] D. h. der populärkulturelle Impetus von Pornografie zeigt sich in der

---

[20] Diese Ansicht ist quasi die Umkehrung der Exemplifikationstheorie. Vgl. hierzu S. 57 dieser Arbeit. Empirisch gibt es unterschiedliche, z. T. widersprüchliche Ergebnisse, sodass sich

Dialektik von Verneinung der ‚Ordnung' und Vergnügen am/im sexuellen Exzess. (Vgl. Kromer 2008: 42)

2.2.2. Pornografie als patriarchalisch-misogyne Ausbeutungs- und Machtdomäne

Die Anschauung von Pornografie als patriarchalisch-misogyne Ausbeutungs- und Machtdomäne ist in pornografie-kritischen bis -negierenden Diskursstandpunkten (sog. radikal)feministischer Autor*innen und Aktivist*innen zentriert. Argumentative Grundlage dieser Anschauung bilden, theoretisch und historisch, die Schriften und juristischen Novellierungsversuche der US-Juristin Catherine A. MacKinnon und der Soziologin Andrea Dworkin. In Deutschland knüpften Feminist*innen wie Alice Schwarzer u. a. an die theoretischen Anschauungen und juristischen Initiativen MacKinnons und Dworkins an. Sowohl in den USA als auch in Deutschland erhielten die sog. PorNO-Bewegung und -Debatte die meiste öffentliche Aufmerksamkeit während der 1970er, teilweise noch 1980er Jahre. (Vgl. Bader 2016: 11-34; Kromer 2008: 28-33)

Um die Argumentation der PorNO-Feminist*innen von ihren gedanklichen Ableitungen her nachvollziehbar zu machen, ist ein nochmaliger Blick auf eine

---

weder die Theorie noch ihre Umkehrung generalisierbar bestätigen bzw. widerlegen lassen. Bezüglich der empirischen Forschungsergebnisse vgl. Kapitel 4.2. dieser Arbeit.

definitorische Konzeption von ‚Pornografie' nötig. Andrea Dworkin versteht unter *porne* historisch „die [stigmatisierte] niedere Kaste der Prostituierten […] und […] eine Herabwürdigung der Frau als Sexualobjekt und Ware" (Kromer 2008: 4) im antiken Griechenland.[21] Auf der Folie dieser etymologisch rückbezogenen, semantischen Konzeption zeichnet sich gemäß der Anschauung der PorNO-Argumentation sämtliche Pornografie dadurch aus, dass sie a) Gewalt gegen bestimmte Frauen auf unterschiedlichste Weise darstellt und b) hierdurch grundsätzlich immer Gewalt gegen alle Frauen impliziert – und zwar im Interesse patriarchaler Unterdrückungsmechanismen, Machtverhältnisse und männlicher sexueller Lustbefriedigung. Sowohl die US-amerikanischen als auch die deutschen PorNO-Feminist*innen vertreten folgende Überzeugung: durch Pornografie wird die gesellschaftlich konstruierte rechtliche Ungleichheit zwi-

---

[21] Claudia Gehrke, gegenwärtige Pornografie-Forscherin, hingegen versteht unter *porne* alle „‚Liebesdienerinnen und Liebesdiener', […], also nicht nur Frauen, sondern auch Männer, die Tempelbesuchern erotische Lust verschafften." (Kromer 2008: 5) In diesem Verständnis von *porne* zeigt sich eine historische Rückbindung, die es argumentativ ermöglicht, die Gruppe derjenigen, die in pornografischen Darstellungen laut Genrekritik gewaltsam sexualisiert werden, auf Kinder, Homosexuelle u. a. auszuweiten.

schen Männern und Frauen nicht nur spielerisch-medial gezeigt und reproduziert, sondern – durch die Anwesenheit von Pornografie in mittlerweile allen Medien einer Gesellschaft – gesamtkollektiv im ‚realen Leben' forciert. (Vgl. Bader 2016: 20) Deshalb zielt MacKinnons PorNO-Argumentation im Sinn einer Art *ganzheitlichen Empowerments der Frau* darauf ab,

> „die durch Pornographie stigmatisierte Stellung der Frau in der Gesellschaft mit einer zwangsläufig damit einhergehenden sozialen Realität aller Frauen zu verknüpfen. Das, was Pornographie sagt, ist nach Ansicht MacKinnons gleichsam das, was sie tut: sie unterdrückt die Frau, und zwar nicht nur die Darstellerin im pornographischen Medium, sondern jede Frau, der der (männliche) Konsument in seiner Lebensrealität begegnet. […] Die durch das Medium Pornographie tradierten Inhalte würden die Welt durch ihre Herstellung und ihren Gebrauch zu einem pornographischen Ort machen, der etabliert, wofür Frauen da sind, als was sie gesehen und wie sie behandelt werden können und dürfen." (Ebd.: 18f.)

Somit spricht die PorNO-Argumentation der Pornografie eine allgemeine „handlungsförmige Wirkmacht in der Gesellschaft" (Ebd.: 11) zu. Der Verstoß gegen rechtliche Gleichheitsgrundsätze und die Verletzung der Würde der Frau, wie sie in sämtlicher Pornografie enthalten sei, müsse laut MacKinnon mit einer gesetzlichen Restriktion gegen *Pornografie als solcher* beantwortet werden. Daher ist die PorNO-Argumentation traditionell (und bis heute) praxislogischer Weise an die Forderung gekoppelt, die Produktion und den Konsum von Pornografie durch gesetzliche Regelungen massiv einzuschränken bzw. Pornografie vollständig gesetzlich zu verbieten.[22] PorNO-feministische Theorie ist demnach auch immer Teil einer juristisch agierten Gleichberechtigungspolitik, in deren Zuge „die diskriminierende Praxis der Sexualisierung und Objektivierung insbesondere weiblicher Menschen [...] durch jede Frau zivilrechtlich verfolgbar werden" (Bader 2016: 17f.) soll.

Die gegenwärtig international bekannteste Vertreterin der PorNO-Argumentation ist die amerikanische Soziologin Gail Dines. Sie bettet ihre pornografie-kritische und -oppositionelle Argumentation in eine umfassende Feldanalyse des pornoökonomischen Marktsektors ein. Ihrer Ansicht nach geht es bei Pornografie im Endeffekt nicht um Sexualität, sondern um Kapitalakkumulation innerhalb eines patriarchal strukturierten Wirtschafts- und Gesellschaftssystems. (Vgl. Dines 2014: 18f.; 21-38) Das Mittel zur Geldgewinnung ist in der Pornografie der Vollzug höchst möglicher darstellbarer Gewaltakte gegen Frauen. Dines schreibt: „In Pornos macht der Mann Hass mit der

---

[22] In Deutschland bewirkte erstmals die strafrechtliche Liberalisierung mit Blick auf pornografische Schriften entsprechende Initiativen. (Vgl. Bader 2016: 13f.)

Frau, jeder sexuelle Akt ist kreiert worden, um ein Maximum an Erniedrigung zu zeigen." (Dines 2014: 30)

3. Das Internet als zentrales Bereitstellungs- und Rezeptionsmedium

Nachdem der Fokus im vorangegangenen Kapitel auf der Aufschlüsselung von Pornografie lag, wird er im folgenden Kapitel auf das Internet verschoben. Der erste Kapitelabschnitt umreißt, vorbereitend, einige Grundlagen der Medientheorie. Daran anknüpfend, wird im übernächsten Kapitelabschnitt das Internet als Medium thematisiert, in dem heutzutage pornografische Darstellungsinhalte größtenteils bereitgestellt, abgerufen und rezipiert werden.

3.1. Theoretische Konzeptionen von Medien

Laut Bellmund gestaltet sich eine eindeutige Definition des Begriffs (kommunikativer) ‚Medien'[23] schwierig. (Vgl. Bellmund 2011: 65) In der Medienwissenschaft wird weitgehend von Begriffsdefinitionen abgesehen und alternativ versucht, Kommunikationsmedien theoretisch zu kategorisieren. Eine übliche

---

[23] Zur Verwendung einfacher Anführungszeichen im Zusammenhang mit Begriffsdefinitionen vgl. Fußnote 4.

Kategorisierung bietet Schirra. Er unterteilt Kommunikationsmedien in (Vgl. Schirra 2013):

1. Primärmedien/Medien Typ 1: Sender*in und Empfänger*in sind zur selben Zeit am selben Ort; Informationen werden ohne technische Hilfsmittel vermittelt (Beispiel: Gespräch vis-à-vis).

2. Sekundärmedien/Medien Typ 2: nur der*die Absender*in ist auf technische Hilfsmittel zur Vermittlung von Informationen angewiesen; Einsatz des technischen Geräts zielt auf ein persistentes, d. h. die Zeit überdauerndes Nachrichten- bzw. Informationsartefakt; unidirektional (Beispiele: Fotoapparat, Drucker).

3. Tertiärmedien/Medien Typ 3: Absender*in und Empfänger*in sind beide auf technische Hilfsmittel zur Vermittlung von Informationen angewiesen; technische Geräte zielen auf die mehr oder weniger gleichzeitige Verbindung von Sender*in und Empfänger*in, die räumlich voneinander getrennt sind (Beispiele: Telefon, TV, Internet).

4. Quartärmedien/Medien Typ 4 (von zeitgenössischen Autor*innen als zusätzliche Kategorie vorgeschlagen): Verwendung vernetzter Digitaltechnologie; Emulation aller Medientypen; keine Kategorisierung anhand der Unterscheidungskriterien für die Medientypen 1 bis 3 möglich; Interaktivität wird berücksichtigt (Beispiele: interaktive Computerspiele; Chatforen im Internet).

Bellmund präsentiert eine andere Einteilung der Kommunikationsmedien nach Medienformen. Sie unterscheidet (Vgl. Bellmund 2011: 66-70):

1. Printmedien: unterliegen einem Druckprozess; meistens für die Verbreitung von ‚alltäglichen Informationen' verwendet (Beispiele: Bücher, Zeitschriften, Stadtpläne, Beipackzettel).

2. Audiophone Medien: reinakustische Träger von Informationen; sehr beliebt für Musik (Beispiele: CDs, MP3s, Hörbücher).

3. Bildschirmmedien: visuelle Informationsträger, in der Regel mit audiophonem Anteil; Fernseher am beliebtesten (es werden keine weiteren Beispiele angeführt).

4. Digitale interaktive Medien: benötigen eine sog. *intelligente Plattform*; Internet von herausragender Bedeutung; äußerst vielfältige Nutzung (Beispiele:[24] Computer/Laptop; Tablets; Handys; Spielkonsolen).

---

[24] Bellmund nutzt hier einen unscharfen, in der Medientheorie normalerweise differenzierten Medienbegriff. Denn sie unterscheidet, wenn sie etwa Computer, Laptops und Handys als Medien bezeichnet, nicht zwischen den Informations*trägern*, also den Medien im engeren Sinn, und den technischen (Hilfs-)Geräten, die nötig sind, um die Informationsträger zu aktivieren. Im engeren Sinn müssten Computer etc. als eben solche technischen (Hilfs-)Geräte klassifiziert werden, nicht als Medien.

3.2. Pornografie im Internet

Gemäß der skizzierten medientheoretischen Konzeptionen gehört das Internet zu den Tertiär- und (bei entsprechender Perspektivierung) Quartärmedien bzw. zur Gruppe der digitalen interaktiven Medien. Im Folgenden soll auf einige medienspezifische Besonderheiten des Internets als Medium für die kommunikative Information *Pornografie* eingegangen werden. Dazu befasst sich der nächste Abschnitt zum einen mit technischen Qualitäten, zum anderen mit ökonomischen Faktoren, die relevant erscheinen, wenn man die Besonderheiten des Internets als Medium der Pornografie-Rezeption genauer verstehen will. Hierdurch wird internetgestützte Pornografie-Rezeption analytisch in einen Zusammenhang mit Gegenwartsphänomenen wie der raumzeitlichen und altersmäßigen Entgrenzung medialer Kommunikation, der sog. Digitalen Revolution und der Wirtschaftsglobalisierung gestellt. In einem weiteren Abschnitt werden diejenigen internetpornografischen Angebotsformate in den Blick genommen, die von Kindern und Jugendlichen hauptsächlich rezipiert werden (können).

3.2.1 Technische Qualitäten und ökonomische Faktoren des Internets mit Blick auf Pornografie-Rezeption

Die folgenden Ausführungen fokussieren die im Internet kostenlos und frei zugänglichen Angebote von Pornografie; denn diese können von Kindern und Jugendlichen technisch am einfachsten und schnellsten aufgerufen werden. Lewandowski weist auf die potenzielle Allverfügbarkeit von Pornografie hin, seit sie durch das Internet eine etablierte mediale Verbreitungsplattform gefunden hat. Er schreibt:

> „Pornographie wird durch das Internet tendenziell jederzeit, für jede Person und an jedem Ort verfügbar. Grenzen sozialräumlicher und zeitlicher Art werden nahezu aufgehoben. Die Zugangsschranken sinken ebenso wie der Aufwand, sich pornographisches Material zu beschaffen." (Lewandowski 2012: 95)[25]

Außerdem vermerkt Lewandowski, dass durch die Aspekte Digitalisierung, Vervielfältigung und dezentrale Speicherung von Pornografie im Internet eine quasi endlos konservierende und bezeugende mediale Zirkulation der einmal eingespeisten Bilder, Filme und anderen Dateien erfolge. Die private Kopier- ‚Klon-'

---

[25] Zum Thema inoffizieller Aufhebung von Altersschranken durch die faktische Unkontrollierbarkeit des Internets und seiner Zugangsoptionen vgl. auch Stähler 2014: 26f.

und Veröffentlichungsoption quasi jedes*r Internetnutzers*in sowie die digitalen Verlaufsspeicherungen, Cache-Ablagen, Rekonstruktionsprogramme zur Wiederherstellung gelöschter Internetinhalte u. ä bewirken ein „Verschwinden des Verschwindens" (Lewandowski 2012: 96). Die technische Generalkonservierung interpornografischer Inhalte ermöglicht auch deren Bearbeitbarkeit durch potenziell jede*n Internutzer*in. Darüber hinaus ist mit der signifikanten Erhöhung der Zirkulationsmasse pornografischer Inhalte durch das Internet die signifikante Erhöhung ihrer Zirkulationsgeschwindigkeit verbunden. Die Erhöhung der Zirkulationsgeschwindigkeit korreliert wiederum mit derjenigen der Kollektionsgeschwindigkeit: um eine Sammlung pornografischer Inhalte zu erstellen, die im vordigitalen Zeitalter für den Aufbau Jahre oder Jahrzehnte beansprucht hätte, reicht gegenwärtig ein einziger Nachmittag, um sich eine ähnlich große Sammlung zu generieren. Die Allverfügbarkeit pornografischer Inhalte im Internet wird in zeitlichen, quantitativen, räumlichen, variantenbezüglichen und anderen Aspekten durch die gesellschaftliche Normalisierung von Flatrates begünstigt, die die allgemeinen Kosten für einen Internetzugang relativ gering halten. (Vgl. ebd.: 96f.)

Korte spezifiziert mit Blick auf internetpornografische Angebote die technischen Qualitäten des Internets im Zusammenhang mit ökonomischen Faktoren. Grund hierfür ist, dass sich die sukzessive Optimierung von EDV- und Netzwerktechnologien des Internets (bis hin zu DSL) im Allgemeinen, aber auch besonders bei der Vermarktung von Pornografie direkt an dessen wirtschaftliche Nutzbarmachung koppelt. Korte beschreibt diese technisch-ökonomische Korrelation wie folgt:

> „Die Einrichtung von spezialisierten Videoportalen und Filesharing-Plattformen […], deren Etablierung und adäquates Funktionieren ihrerseits an die Bereitstellung von Breitband-Datenverbindungen (bei gleichzeitiger Verfügbarkeit entsprechend schneller Prozessoren) gebunden war, stellten für die Distribution von Pornografie in audiovisueller Form […] einen wirklichen Quantensprung dar.“ (Korte 2018: 94)

Korte verweist auch explizit darauf, dass das Internet mit Blick auf pornografische Angebote konstitutiven Charakter hat. Es gewährleistet, indem es die Vermarktungswege bereitstellt, nicht nur die Verbreitung pornografischer Inhalte, sondern ist zunehmend auch an deren konkreter Erzeugung beteiligt, da zum Beispiel sogenannte amateurpornografische Produktionen angebots- und rezeptionsquantitativ stetig an Bedeutung gewinnen. (Vgl. ebd.: 95) Die Verquickung massenmedialer und -vertrieblicher Angebotsformate mit privathäuslichen internettechnischen Zugriffsoptionen macht Pornografie zu einer ‚Internetmassenware klassischer Prägung‘. Da ihr Erwerb nicht immer direkt, sondern oft indirekt verläuft (z. B. über die unwillkürliche Frequentierung von Werbe-Einspielungen beim Aufrufen einer Website), die websiteinternen Altersverifikationstools unsicher sind etc., sind die

> „sozialen, altersbezogenen, juristischen und monetären Hindernisse beim [...] Konsum von Pornografie im Internet weitgehend aus dem Weg geräumt“ (Korte 2018: 95).

3.2.2. Internetpornografische Angebotsformate

Korte gliedert auf, wie das internetpornografische Video- und Filmangebot beschaffen ist, das Kinder und Jugendliche kostenlos und frei frequentieren können.[26] Auch zeigt er auf, wie sich dieses Angebotsformat von denjenigen Formaten unterscheidet, die vor der Einführung und Etablierung des Internets im gesellschaftlichen Alltag bestanden. Er markiert (Vgl. ebd.: 97-105):

- die auffällige Serviceorientiertheit der Angebote;
- ihre Sortierung nach relativ uneinheitlich erstellten Kategorien;
- ein häufiges Bereitstellen von Suchleisten;

---

[26] Für eine weitere, z. T. ähnliche Kategorisierung vgl. Lewandowski 2012: 98-103.

- ein ableitbares Entgegenkommen bezüglich des „individuellen sexuellen Skript[s]“ (Korte 2018: 97) des*r Rezipient*in, also bezüglich seiner*ihrer persönlichen sexuellen Präferenzen und Fantasien.

Angebotskategorien[27]

Laut Korte wird das internetpornografische Angebot vorwiegend entweder nach 1. dargestellten Sexualpraktiken oder 2. phänotypischen Eigenschaften der Akteur*innen (meistens der Akteur*innen*) kategorisiert. Des Weiteren sind die Kategorien von 1. und 2. manchmal nach gleichzeitig erweiternden und spezifizierenden Darstellungs-/Darsteller*innen- oder Merkmalseigenschaften benannt (z. B. *Altporn* oder *Interracial*). Oft werden Subkategorien aufgemacht (z. B. erzählte Berufszugehörigkeit), manchmal auch für nicht explizierte übergeordnete Kategorien (z. B. Latex, Leder oder Bondage für eine mögliche übergeordnete Kategorie BDSM oder Fetisch[28]). Das internetpornografische Angebot umfasst neben der Darstellung gesellschaftlich mehr oder weniger konventiona-

---

[27] An dieser Stelle sind keine Kategorien im wissenschaftlichen Sinn gemeint, sondern diejenigen Funktionsbegriffe, die von internetpornografischer Anbieterseite verwendet werden, um das Angebot für die Nutzer*innen zu sortieren und zu strukturieren.

[28] Zur Diffusion dieser Kategorisierungsweise vgl. Lewandowski 2012: 101.

lisierter Sexualpraktiken auch diejenige sog. paraphiler und devianz-pornografischer Sexualpraktiken. Zu diesen zählen Praktiken mit Objekten, exzessive Gruppensexszenen, Praktiken in Verbindung mit Körperexkrementen oder psycho-physischer Gewalt. Strafrechtlich belangbare Arten internetpornografischer Angebote (z. B. Pädophilie) sind nicht im freien und kostenlosen Angebotsrahmen zu finden. (Vgl. Korte 2018: 98-101)

*Konsument*innengenerierte Internet-Pornografie*

Den konventionellen pornografischen Angebotsformaten, die von Produzent*innen für Konsument*innen erzeugt werden, stehen – durch die allgemeine Weiterentwicklung des Internets und entsprechende Normalisierung, als Nutzer*in auf Social-Media-Plattformen private Selbst- und Soziallweltbezüge (quasi)öffentlich zu inszenieren – diejenigen Formate gegenüber, bei denen die Konsument*innen gleichzeitig Distributor*innen und Produzent*innen sind. Pornografie wird durch das sog. Web 2.0 zum *user generated content* und drückt dabei ein charakteristisches Lebensgefühl der ‚jüngeren Generationen' aus. Korte schreibt: „‚Sein' […] heißt für einen Großteil der Jugendlichen, die in einer durch und durch vernetzten Umwelt aufwachsen, ‚medial stattfinden', selbst online präsent, sichtbar sein mit eindrucksvollen ‚starken' Bildern." (Korte 2018: 107) Pornografie hat für die ‚jüngeren' Konsument*innen demnach nicht mehr nur Gebrauchs-, sondern auch Austausch-, Profilierungs- und Kommunikationswert innerhalb der (sehr häufig mittlerweile auch international-digitalen) Peergroup und auch darüber hinaus.[29]

Korte unterscheidet folgende konsument*innen-distribuierten und -produzierten Formate von Pornografie im Internet (Vgl. Korte 2018: 107-111):

- sog. Porno-Posting via Email-Anhang, Smartphone-Messenger- oder Chat-App-Link (z. B. per WhatsApp, Telegram oder kik);
- Sexting, d. h. das Verschicken explizit-erotischer Nacktbilder oder Video-Shortcuts vom eigenen Körper über MMS, WhatsApp, Skype, Facebook u. ä. Kommunikationsplattformen;[30]
- Erotic Posing, d. h. die Selbstinszenierung des eigenen Körpers in sexualisierten Posen in etablierten sozialen Internetnetzwerken (sehr oft auf bildkommunikativ spezialisierten Plattformen wie Instagram oder Snapchat) oder auf Dating- und Flirtportalen (inkl. Tinder);
- Amateurpornografie, eine Pornografie-Rubrik, die die traditionelle Grenze zwischen Produ-

[29] Vgl. S. 81 dieser Arbeit.

[30] Adressiert wird in der Regel der*die aktuelle Sexualpartner*in (in spe).

> zent*innen und Konsument*innen nicht nur inszenatorisch, sondern auch bezüglich der Ganzheit von Produktionsbedingungen nivelliert.[31]

Ein Großteil der internetpornografischen Angebotsformate, bei denen die Distributor*innen-, Produzent*innen- und Konsument*innen-Rolle zusammenfallen, zeichnet sich dadurch aus, dass darin „Privates und Persönliches in [...] exhibitionistischer Weise der Öffentlichkeit zugänglich gemacht" (Korte 2018: 110) wird.

---

[31] Ungeklärt bleibt bislang, wie hoch bei Amateurpornografie der Anteil von amateur*innen-produzierter Pornografie tatsächlich ist und wie hoch der Anteil solcher Pornografie, die durch professionelle Darsteller*innen als ‚amateurhaft produziert' inszeniert wird. (Vgl. Korte 2018: 110)

4. Die Wirkung von Internet-Pornografie auf die Rezipient*innen-Gruppe der Kinder und Jugendlichen

In den beiden vorausgegangenen Kapiteln wurden zuerst das Phänomen der Pornografie und danach das Internet als hauptsächliches Medium, mit dem Kinder und Jugendliche Pornografie rezipieren, systematisch behandelt. Das nun folgende Kapitel widmet sich ausführlich den Fragen danach, ob die Rezeption von Pornografie Wirkungen auf Kinder und Jugendliche hat, und wenn ja: welche? Dabei werden mehrere Diskursebenen austariert, die mit den genannten Fragen auf verschiedene Weise verbunden sind; und es wird versucht, den (fach)öffentlichen Diskurs in seiner Komplexität und Uneinheitlichkeit sowie mit seinen Bruchstellen abzubilden.

4.1. Theorien der Medienwirkung und ihre Übersetzung in Theorien der Pornografie-Wirkung

Der erste Kapitelabschnitt bietet eine Einführung in ‚klassische' Medienwirkungstheorien und zeichnet nach, wie sie herkömmlich für die Frage nach den Effekten von Pornografie auf Kinder und Jugendliche in Pornografie-Wirkungstheorien übersetzt werden.

4.1.1. Allgemeine Theorien der Medienwirkung: Überblick

Theorien der Medienwirkung gehören als Wissensaggregate zur Disziplin der Medienpsychologie und ihrer Forschung. Medienpsychologie wiederum ist eine Teildisziplin der Psychologie, in deren Rahmen versucht wird, das Verhalten von Personen(gruppen) im Kontext der Medienkommunikation zu beschreiben, zu erklären und zu prognostizieren. (Vgl. Bellmund 2011: 74) Im Zentrum der medienpsychologischen Forschung, die sich der Wirkung von Medien auf die Nutzer*innnen und Rezipient*innen widmet, steht die Frage, ob und wieweit medial vermittelte Gewaltdarstellungen einen Einfluss auf das reale Aggressionsverhalten von Menschen haben. Bellmund gibt einen Überblick über die gängigsten diesbezüglichen Theoriethesen und unterscheidet (Vgl. ebd.: 74-76):

- die Stimulationsthese: sie geht davon aus, dass das häufige Rezipieren medialer Gewaltdarstellungen die Bereitschaft fördert, selbst gewaltsam-destruktiv zu handeln und solches Handeln als Mittel zur Zielerreichung anzuwenden.
- die Habitualisierungsthese: sie geht davon aus, dass das häufige Rezipieren medialer Gewaltdarstellungen einen Gewöhnungseffekt erzeugt, durch den Gewalt als ‚normal' erachtet und die eigene Hemmschwelle reduziert wird, selbst Gewalt anzuwenden.

- die Erregungsthese: sie geht vom generellen Einfluss medialer Darstellungen auf die Gefühle des*r Rezipient*in aus und postuliert die Herausbildung reaktiver Empathie bei dem*r Rezipient*in durch die Korrelation zwischen seiner*ihrer emotionalen Ausgangsperspektive und einer durch die Darstellung evozierten Emotion: je deckungsgleicher die mediale Darstellung mit dem biografischen oder aktuellen Erfahrungsschatz des*r Rezipient*in ist, desto stärker ist die reaktive Empathie.
- die Suggestionsthese: sie geht davon aus, dass alle medialen Darstellungen unbewusst-selektiv auf den*die Rezipient*in Einfluss nehmen können, aber nicht müssen; potenziell werden bei dem*r Rezipient*in durch die Darstellung kognitives oder emotionales Wissen, Erinnerungsrelikte, normativ-wertbezogene oder andere Prägungen wachgerufen; die Medienwirkung hängt von subjektiven Interpretationen und unbewussten Fantasien des*r Rezipient*in ab; es kann nicht verifiziert werden, dass „positive Mediendarstellungen einen positiven Einfluss haben und negative einen Negativen [sic!]" (Bellmund 2011: 75).
- die Lerntheorie: sie geht davon aus, dass die Wirkung aller medialen Darstellungen von Lebensalter, Sexus, biographischem Hintergrund, aktuellen Erfahrungsanlässen und internalisierten Norm- und Wertmustern abhängt; mit Blick auf mediale Gewaltdarstellungen sind immer auch Familien- und Sozialisationsbedingungen des*r Rezipient*in, spezifische individuelle Gewalterfahrungen (z. B. in der Familie)

und Optionen zur Kultivierung von Gewaltbereitschaft mit einzubeziehen.

Die Stimulations- und Habitualisierungsthese behaupten vergleichsweise einen sehr starken und unbedingt-direkten Einfluss medialer Gewaltdarstellungen auf den*die Rezipient*in und sein*ihr eigenes Verhalten. Dagegen integrieren die Erregungs- und Suggestionsthese sowie die Lerntheorie kontextuelle, lebenslaufhistorische und -kulturelle Bedingungsfaktoren sowie die aktuellen Lebensumstände des*r Rezipient*in; des Weiteren behaupten sie eine subjektkonstruktivistische und -hermeneutische Eigenleistung des*r Rezipient*in,[32] was, wenn die Behauptung stimmt, prinzipiell lediglich einen relativen Einfluss medialer Gewaltdarstellungen auf den*die Rezipient*in möglich macht. (Vgl. Bellmund 2011: 74)

4.1.2. Theorien der Wirkung von Pornografie auf Kinder und Jugendliche

Um aus den allgemeinen Theorien der Medienwirkung diejenigen abzuleiten, die spezifizierend die Wirkung von Pornografie auf Kinder und Jugendliche beschreiben, schlägt Heuser eine Differenzierung verschiedener Formen von Pornografie vor. Grund hierfür ist das

---

[32] Vgl. Kapitel 4.3.1. dieser Arbeit.

Argument: nicht jede Art Pornografie würde potenziell in ähnlichem Ausmaß oder überhaupt dazu beitragen können, Fehlentwicklungen bei Kindern und Jugendlichen zu initiieren.[33] Heuser unterscheidet (Vgl. Heuser 2013: 58):

- einfache Pornografie;
- Pornografie mit Gewaltdarstellungen;
- Pornografie mit Darstellungen sexueller Handlungen von, an oder vor Kindern;
- sodomistische Pornografie.

Für jede Pornografie-Form untersucht Heuser, ob auf sie in der Pornografie-Wirkungsforschung lediglich die allgemeinen Theorien der Medienwirkung übertragen oder ob zusätzliche Theorieaspekte hinzugeneriert

---

[33] In der Diskursliteratur wird mehrfach darauf hingewiesen, dass die Pornografie-Wirkungsforschung postulierend davon ausgeht, Pornografie könne, wenn sie auf Kinder und Jugendliche wirkt, nur negativ auf sie wirken. Dieses Postulat impliziert auch die zentrale wissenschaftliche Motivation der Pornografie-Wirkungsforschung: nämlich negativen Wirkungen der Pornografie-Rezeption regulierend zu begegnen. An Heusers Argumentationsaufbau lässt sich exemplarisch sehr deutlich die Selbstverständlichkeit ablesen, mit der die Pornografie-Wirkungsforschung theoretische Postulate formuliert, die nicht nur unverifizierte Behauptungen über Pornografie, sondern auch über die zu erforschende Gruppe der Kinder und Jugendlichen enthalten. Vgl. hierzu auch S. 89f. und 94-96 dieser Arbeit.

bzw. sogar ganze zusätzliche Theorien formuliert werden.[34]

Einfache Pornografie

Zur *einfachen Pornografie* sind alle pornografischen Darstellungen zu rechnen, die nicht unter die 3 anderen Formen fallen. Heuser markiert mit Blick auf *einfache Pornografie* folgende zusätzlichen Wirkungstheorien bzw. Wirkungstheorieaspekte (Vgl. Heuser 2013: 60-64):

- Theorie der Exemplifikation: sie geht davon aus, dass alle sexuellen Handlungsdarstellungen von dem*r Rezipient*in als Beispiel und, je häufiger in Medienangeboten vorzufinden, als ‚Normalität' verstanden und deshalb generalisiert werden; das medial vermittelte Bild wird mit hoher Wahrscheinlichkeit direkt als ‚Bild der Wirklichkeit' ins personale Weltsicht- und Verhaltenssystem übernommen.
- sozial-kognitive Lerntheorie (basale Annahmen der Lerntheorie werden übernommen): sie geht davon aus, dass Pornografie sowohl positive als auch negative Auswirkungen auf die Entwicklung von Kindern und Jugendlichen haben kann; Fehlentwicklun-

[34] Die sog. Kultivierungsthese wird von Heuser nicht berücksichtigt. Sie ist allerdings im Zusammenhang mit Ergebnissen einer quantitativen Querschnittsstudie von Weber u. a. relevant. Vgl. hierzu S. 71 dieser Arbeit.

gen werden nur bei zusätzlichen entwicklungsbeeinträchtigenden oder -schädigenden Umweltreizen erwartet; die Theorie postuliert eine grundsätzlich starke Wirk- im Sinn von Modelllernpotenz auf Kinder und Jugendliche, da Pornografie die sexuellen Handlungen immer lustvoll-ekstatisch und emotional erfüllend darstellt, was zur affirmativen Nachahmung und Wertinternalisierung anregt.

- Priming-Konzept (entspricht in basalen Annahmen denjenigen der Suggestionsthese): es geht davon aus, dass die überdurchschnittlich häufige Rezeption von Pornografie die Gedanken eines Kindes oder eines*r Jugendlichen auf sexuelle Handlungen fokussieren könnte (wird nicht als Fehlentwicklung interpretiert, solange keine notorische gedankliche Fixation stattfindet); Fehlentwicklungen werden nur bei zusätzlichen entwicklungsbeeinträchtigenden oder -schädigenden Umweltreizen erwartet.
- Theorie des sozialen Vergleichs: sie geht davon aus, dass der*die Rezipient*in „die eigene sexuelle Erfüllung“ (Heuser 2013: 62) mit derjenigen vergleicht, die er*sie in pornografischen Darstellungen zu sehen bekommt, woraus bei ihm*ihr durch Unterlegenheitsgefühle eine sexuelle Frustration oder auch Leistungsdruck resultieren; die Frustration initiiert keine Fehlentwicklung bei Jugendlichen, solange sie keine pathologischen Formen (wie z. B. Depression) annimmt; die Kompensation der Frustration dadurch, den*die Sexualpartner*in mit Gewalt zu sexuellen

Handlungen zu zwingen, wird als mögliche Fehlentwicklung angesehen.

- Habitualisierungsthese (dieselben basalen Annahmen wie in der allgemeinen Medienwirkungstheorie): sie stuft die Gewöhnung an die Darstellungen sexueller Handlungen im Rahmen *einfacher Pornografie* nicht als entwicklungsschädlich ein; eine Entwicklungsgefährdung könnte entstehen, sobald der*die Rezipient*in aufgrund von Langeweile bzw. Reizabflachung auf jene Darstellungsformen sexueller Handlungen umstellt, die Gewaltdarstellungen u. ä. enthalten; die Umstellung der Rezeption auf alternative Darstellungsformen von Pornografie nach einer Gewöhnung an *einfache Pornografie* ist empirisch nicht belegt, nur die Häufigkeit der Rezeption erhöht sich verifizierbar.

Pornografie mit Gewaltdarstellungen; Pornografie mit Darstellungen sexueller Handlungen von, an oder vor Kindern; sodomistische Pornografie

Bezüglich der Wirkung von *Pornografie mit Gewaltdarstellungen* auf Kinder und Jugendliche werden dieselben Theorien vertreten wie mit Blick auf *einfache Pornografie*. Aus Perspektive der sozial-kognitiven Lerntheorie, des Priming-Konzepts, der Habitualisierungsthese und der Theorie der Exemplifikation muss potenziell damit gerechnet werden, dass Rezipient*innen durch affirmative Anpassung ihrer eigenen Einstellung an die gewalthaften pornografischen Darstellungen z. B. dazu tendieren, gewalttätigen Sex oder auch den sog. Vergewaltigungsmythos[35] zu bagatellisieren bzw. gutzuheißen. Heuser folgert: „Dies könnte schließlich zu einer Förderung von realen Aggressionen, Gewalttätigkeiten und Sexualverbrechen führen.“ (Heuser 2013: 64) Derartige Entwicklungsmerkmale seien als ‚fehlerhaft‘ zu bewerten. Auch sei, nach den gängigen theoretischen Annahmen, mit allen negativen Entwicklungsmöglichkeiten bei Kindern und Jugendlichen zu rechnen, die generell für die Rezeption von medialen Gewaltdarstellungen verzeichnet werden. (Vgl. ebd.: 64f.)

Bezüglich der Wirkung von *Pornografie mit Darstellungen sexueller Handlungen von, an oder vor Kindern* werden, den Theorien nach, dieselben Wirkzusammenhänge veranschlagt. Zum Beispiel könnten Kinder und Jugendliche ihre eigenen Einstellungen derart (um)formen, dass sie davon ausgehen, Minderjährige würden Sex mit Erwachsenen wollen; oder es sei normal, als Kind bei Sexualakten Erwachsener dabei zu sein. Alle Theorien gehen hier kategorisch von einer Fehlentwicklung aus; des Weiteren wird eine ausnahmslose strafrechtliche Relevanz[36] festgestellt,

---

[35] Dieser Mythos besagt, dass Frauen mit ihrer Vergewaltigung einverstanden seien oder dieselbe sogar genießen würden. (Vgl. Heuer 2013: 64)

[36] Die strafrechtlich zu Belangenden sind wahrscheinlich nur in Ausnahmefällen die minderjährigen Rezipient*innen selbst.

da die Produktion und Verbreitung von pädophiler Pornografie gesetzlich verboten ist. (Vgl. ebd.: 65)

Die Wirkung *sodomistischer Pornografie* auf Kinder und Jugendliche ist kaum erforscht. Wichtig zu beachten ist laut Heuser: obwohl *sodomistische Pornografie* als ‚unüblich' oder ‚abweichend' einzuschätzen sei, ließe sich theoretisch nicht direkt herleiten, weshalb ihre Darstellung für Kinder und Jugendliche entwicklungsschädigend sein sollte. Es könnten lediglich indirekte Fehlentwicklungspotenziale angenommen werden, die sich aus den theoretischen Erwägungen mit Bezug auf *einfache Pornografie*, *Pornografie mit Gewaltdarstellungen* (sofern Zwang zu sodomistischem Sex dargestellt wird) oder pädophiler Pornografie (sofern Minderjährige im Zusammenhang mit sodomistischem Sex dargestellt werden) ergeben. (Vgl. Heuser 2013: 66)

Korte veranschaulicht, dass die meisten Ableitungen aus den theoretischen Vorannahmen hinsichtlich der Frage, wie pornografische Darstellungen auf Kinder und Jugendliche wirken (könnten), in Form von empirisch ungesicherten Befürchtungen sowie pauschalisierten Entwicklungsdiagnosen und -prognosen artikuliert werden. (Vgl. Korte 2018: 83)

4.2. Studien zur Wirkung von Pornografie auf Kinder und Jugendliche

An die Aufbereitung wirkungstheoretischer Diskursbezüge schließt sich im nächsten Teil eine komprimierte Darstellung jener empirischen Studien an, die für die Frage der (möglichen) Wirkungen von Pornografie auf Kinder und Jugendliche relevant sind. Dafür wird zuerst auf einige forschungspraktische Leerstellen und Schwierigkeiten eingegangen. Danach folgt eine Besprechung quantitativer und qualitativer Studien, inklusive Onlinebefragungen, Einzel-, Gruppeninterviews und Experimentaluntersuchungen.

4.2.1. Forschungspraktische Leerstellen und Schwierigkeiten

In vielen Literaturbeiträgen, die sich theoretisch und/oder empirisch mit der Wirkung von Pornografie auf Kinder und Jugendliche befassen, wird darauf hingewiesen, dass die empirische Forschungs- und Erkenntnislage zum Thema ungenügend und ungesichert ist. (Vgl. z. B. Starke 2010: 94f.; Steffen 2014: 216; Heuser 2013: 58) Daraus wird oft schlussgefolgert, dass es nur sehr wenige wissenschaftliche Evidenzen für bestimmte Wirkungen von Pornografie auf Kinder und Jugendliche gibt. Diese Schlussfolgerung treffen z. T. auch pornografie-kritische und -oppositionelle Forscherinnen: z. B. Dines, die ein grundsätzliches

Nichtwissen konstatiert, was die konkreten gesellschaftlichen Wirkattribute von Pornografie betrifft. (Vgl. Dines 2014: 9) Heuser fügt noch hinzu, dass auch Gefährdungspotenziale der Pornografie-Wirkung mit Blick auf die psychosoziale Entwicklung von Kindern und Jugendlichen, wenn überhaupt, nur bedingt abgleitet werden können. (Vgl. Heuser 2013: 58)

Lemke und Weber stellen für ihre Untersuchungen eine prinzipielle kategoriale Unterscheidung der Medienwirkungsforschung vor: die Unterscheidung zwischen *kognitiven Wirkungen* (auf Wissen, Einstellungen und Meinungen), *affektiven Wirkungen* (auf Emotionen) und *konativen Wirkungen* (auf das Verhalten). Sie betonen, dass insbesondere die *affektiven Wirkungen* von Pornografie-Rezeption auf Kinder und Jugendliche in quantitativen Studien bislang kaum untersucht worden sind. (Vgl. Lemke; Weber 2016: 96) Auch fassen die Autoren einige grundsätzliche, relativierende Schwierigkeiten der sozialwissenschaftlichen Forschung zusammen, die eine Untersuchung der Pornografie-Wirkung erschweren.[37] (Vgl. Ebd.: 87-93)

Von Steffen u. v. a. werden noch die forschungsethischen Bedenken benannt, die der Untersuchung der Pornografie-Wirkung auf Kinder und Jugendliche entgegenstehen. (Vgl. Steffen 2011: 58) Die gängige

---

[37] Aus Platzgründen können diese Schwierigkeiten hier nicht konkret behandelt werden.

Argumentation lautet: man gehe prinzipiell von einem psychosozial entwicklungsschädigenden Potenzial von Pornografie aus; deshalb könne man die Personen der zu untersuchenden Gruppe nicht absichtlich medialen Inhalten aussetzen, von denen man annehmen muss, dass sie eventuell negativen Einfluss haben.

4.2.2. Allgemeine Ergebnisse zur Rezipient*innengruppe

Bevor die Studienergebnisse skizziert und evaluiert werden, sollen ein paar Basisdaten vorgestellt werden, die über zentrale gruppenspezifische Rezeptionsmodalitäten Aufschluss geben: nämlich über die Größe der Rezipient*innengruppe, die Häufigkeit der Pornografie-Nutzung und über den Zeitpunkt und die Art des Erstkontakts[38] mit pornografischen Darstellungen.

Gemäß Pastötters Sexreport 2008 geben 46% der Befragten, die bereits mindestens ein Mal Pornografie rezipiert haben, an, in einem Alter jünger als 14 Jahre mit Pornografie in Kontakt gekommen zu sein; mit 14 Jahren 20% und mit 15 Jahren 16%. (Vgl. Starke 2010: 100) Die Schülerbefragung Niedersachen 2008 ergab: 18,3% der Jungen aus Schulklasse 9 rezipieren ‚häufig' pornografische Filme, 35,7% ‚selten'. Von

---

[38] Art des Erstkontakts meint: ob die Kinder und Jugendlichen selbstmotiviert pornografische Angebote aufsuchten, zufällig darauf stießen oder unfreiwillig damit konfrontiert wurden.

den Mädchen rezipieren 0,9% ‚häufig' und 6,5% ‚selten'. Die JIM-Studie 2009 befragte 1200 Mädchen und Jungen im Alter zwischen 11 und 19 Jahren allgemein zu ihrer Mediennutzung, dabei auch zu ihren Erfahrungen mit Pornografie-Konsum. Die Relevanz von pornografischen Medienangeboten wurde, im Vergleich zu anderen Angeboten, als derart marginal eingestuft, dass sie im Studienbericht (außer beim Thema Handy) überhaupt nicht erwähnt wurden. (Vgl. Starke 2010: 104f.) Bei der JIM-Studie 2004 gab knapp die Hälfte der Befragten an, schon mindestens ein Mal Pornografie im Internet rezipiert zu haben. (Vgl. Steffen 2014: 215) Die Dr. Sommer-Studie 2009 befragte 1228 Jugendliche im Alter von 11 bis 17 Jahren. Laut der Ergebnisse haben 69% aller befragten Jungen und 57% aller befragten Mädchen mindestens ein Mal pornografische Inhalte rezipiert, 37% aller Befragten noch gar nicht. Ab dem 13. Lebensjahr nehme die Pornografie-Rezeption insgesamt zu. (Vgl. Starke 2010: 106) In der Altersgruppe 14 bis 17 Jahre rezipieren 90% der Jungen und 35% der Mädchen gelegentlich Pornografie. (Vgl. ebd.: 215) Regelmäßig rezipieren 8% der Jungen und 1% der Mädchen. (Vgl. ebd.: 106) Gemäß einer Studie der Henry J. Kaiser Foundation 2001 haben knapp Dreiviertel der 15- bis 17jährigen Befragten mindestens ein Mal Pornografie im Internet rezipiert. Besonders bei den jüngeren Rezipient*innen kommt der Erstkontakt häufig zufällig zustande (z. B. durch Spam oder Pop-ups). Eine Umfrage, die in skandinavischen Ländern durchgeführt wurde, erbrachte laut Steffen, dass 60% der befragten Jugendlichen beim ersten Mal unfreiwillig[39] mit pornografischen Angeboten in Kontakt gekommen waren. 90% der Kinder und Jugendlichen im Alter von 8 bis 16 Jahren gaben an, schon mindestens ein Mal Pornografie im Internet rezipiert zu haben. In einer kanadischen Studie gaben 90% der 13- und 14jährigen Jungen sowie 70% der Mädchen an, mindestens ein Mal Pornografie rezipiert zu haben – die Mehrheit der Befragten übers Internet. Laut Brook, einer Organisation für *sexual mental health*, haben 2% befragter Kinder und Jugendlicher im Alter von 11 bis 16 Jahren schon mindestens ein Mal pornografische Inhalte, die Gewalthandlungen darstellen, im Internet rezipiert. (Vgl. Steffen 2014: 213-215) Die Onlinebefragung von Vogelsang 2017 ergab, dass knapp 80% der befragten Jugendlichen schon mindestens ein Mal ‚zufällig' Pornografie im Internet rezipiert hätten. (Vgl. Vogelsang 2017: 269)

---

[39] Ob das Adverb ‚unfreiwillig' hier wörtlich gemeint ist oder im Sinn von ‚zufällig', lässt sich für den Verfasser dieser Thesis zurzeit nicht letztgültig aufdecken. Die hohe Prozentzahl scheint aber darauf hinzudeuten, dass in das Adverb ‚unfreiwillig' zumindest auch der ‚zufällige' Erstkontakt mit subsumiert ist. Vogelsang verweist in der Diskussion ihrer eigenen Onlinebefragung darauf, dass in vielen Studien, obwohl ‚zufälliger' Erstkontakt gemeint sei, nach ‚ungewolltem' gefragt werde; Ergebnisvergleiche der Studien legen nahe, dass die Formulierung ‚ungewollt' zu einer relativ niedrigeren Bejahung durch die Befragten führt als die Formulierung ‚zufällig'. (Vgl. Vogelsang 2017: 269)

Dieser Überblick macht deutlich, dass sich die meisten Daten und höchsten Prozentquoten hinsichtlich der Pornografie-Rezeption von Kindern und Jugendlichen auf die Abfrageformulierung ‚mindestens schon ein Mal' beziehen. Der Aufschluss darüber, wie viele Kinder und Jugendliche mehr oder weniger regelmäßig pornografische Inhalte rezipieren, bleibt vergleichsweise gering.

4.2.3. Die Überblicksdarstellung von Lemke und Weber (2016)

Lemke und Weber geben eine Überblicksdarstellung über Studien, Experimente, Interview- und Onlinebefragungen etc., die sich mit der Wirkung von Pornografie auf Kinder, Jugendliche und junge Erwachsene befassen. In dieser Darstellung werden nur Untersuchungen berücksichtigt, die sich zentral und exklusiv dem Thema Pornografie widmen; also keine allgemeinen Untersuchungen (z. B. zu jugendlichem Beziehungs- oder Mediennutzungsverhalten), die das Thema Pornografie untergeordnet mitaufgreifen. Lemke und Weber verweisen auf eine Meta-Analyse von Mundorf und anderen Wissenschaftler*innen, in deren Zuge Laborexperimente und einschlägige Studien ausgewertet wurden, die den Zusammenhang von Pornografie-Konsum und Gewaltbereitschaft untersuchen. Die Meta-Analyse kommt zu dem Ergebnis, dass Pornografie, die Gewaltdarstellungen (inkl. verbaler Gewalt) enthält, bei Jungen, „die intensiv gewalttätige Pornografie konsumieren [...], sowohl eine positivere Bewertung sexueller Aggressivität, als auch tatsächlich aggressives Verhalten zu begünstigen" (Lemke; Weber 2016: 94) scheint. Dieses Ergebnis gilt laut Lemke und Weber als wissenschaftlich übergreifender und empirisch verifizierter Konsens. Deshalb wird es von ihnen der eigenen Überblicksdarstellung noch vorangestellt.

Ihre eigene Überblicksdarstellung lässt folgende resümierenden Ergebnisse zu (Vgl. ebd. 95-106):[40]

1. Viele empirische Erhebungen zeigen, dass (vermehrter) Pornografie-Konsum mit persönlichen Einstellungen und Ansichten jugendlicher Rezipient*innen einhergeht, „die man unter dem Label ‚sexuelle Freizügigkeit' zusammenfassen kann." (Ebd.: 98). Unter dieses ‚Label' fallen z. B.: ein generell gesteigertes sexuelles Interesse; die Bereitschaft, Sex als Selbstzweck und unabhängig von einer ‚Partnerschaft im engeren Sinn' zu praktizieren (also eher bei One Night Stands, im Rahmen von erotischen Affären und anderen Formen des sog. *casual sex*). Lemke und Weber sprechen von einer instrumentellen bzw. rekreationalen Perspektive der Jugendlichen auf Sexualität,

---

[40] Für eine tabellarische Aufgliederung der essenziellen Ergebnisse aus den jeweiligen Einzeluntersuchungen vgl. Lemke; Weber 2016: 111-122.

die – entgegen häufiger diskursiver Vermutungsäußerungen – auf beiderlei Geschlecht zutrifft. (Vgl. Lemke; Weber 2016: 99) Die Frage, ob es sich dabei, dass diese Perspektive besteht, um eine direkte *kognitive Wirkung* der Pornografie auf die Rezipient*innen handelt oder die spezifische Konturierung der jeweiligen Rezipient*innen-Einstellungen bzw. -Ansichten erst den Pornografie-Konsum ermöglicht, wird nicht aufgeschlüsselt.

2. In der Längsschnittbefragung des General Social Survey wird ersichtlich, dass Pornografie-Konsum bei Jugendlichen einhergeht mit einer erhöhten Akzeptanz von Sex im Alter der Adoleszenz, von Schwangerschaftsabbrüchen, Homosexualität, gleichgeschlechtlichen ‚Partnerschaften im engeren Sinn', ungeschütztem Sex und dem damit verbundenen Risiko der Ansteckung mit sexuell übertragbaren Krankheiten. Eine genauere Ursachen-Wirkungs-Aufschlüsselung mit Blick auf die Frage, ob und ggf. inwieweit Pornografie-Konsum akzeptanz*konstituierend* bei den Jugendlichen ist, findet nicht statt.

3. Die Ergebnisse von 1. und 2., die auf die potenzielle *kognitive Wirkung* von Pornografie beziehbar sind, korrelieren mit Ergebnissen, die sich auf potenzielle *konative Wirkungen* beziehen lassen. Entsprechend neigen jugendliche Pornografie-Konsument*innen, die eine ‚freizügigere' Einstellung zur Sexualität zeigen, auch zu sexuell 'freizügigerem' Sexualverhalten. Sie haben vergleichsweise tendenziell früher Ge-

schlechtsverkehr, eine höhere Anzahl von Sexualpartner*innen, öfter Gelegenheitssex und Sex neben der ‚Partnerschaft im engeren Sinn'. Des Weiteren lässt sich bei jugendlichen Pornografie-Konsumt*innen ein vergleichsweise breiteres Spektrum an Sexualpraktiken (inkl. sadomasochistischer Varianten) finden. Ein Zusammenhang zwischen Pornografie-Konsum und der Neigung, ungeschützt Geschlechtsverkehr zu haben, ist ebenfalls evident. Eine genauere Ursachen-Wirkungs-Aufschlüsselung findet nicht statt.

4. Die Ergebnisse hinsichtlich der Befragung zu Geschlechterrollenbildern sind nicht eindeutig. In einer vergleichenden Querschnittsstudie von 2007/2009 eruieren Peter und Valkenburg, dass Jugendliche, die Pornografie konsumieren, stärker dazu tendieren, Frauen als sexuelle Objekte anzusehen. Dieser Befund wird durch eine Panel-Studie von Brown und L'Engle 2009 zwar bestätigt, allerdings durch eine (laut Lemke und Weber aufwändige) Experimentalstudie von Hald, Malamuth und Lange nicht. Eine genauere Ursachen-Wirkungs-Aufschlüsselung findet nicht statt.

5. Verifiziert werden kann durch alle quantitativen Studien, dass Pornografie-Konsum „mit tendenziell höherer sexueller Unsicherheit und tendenziell niedrigerer sexueller Zufriedenheit" (Lemke; Weber 2016: 100) sowie einer reduzierten Zufriedenheit mit dem eigenen Körper und erhöhter Selbstkritik mit Blick auf denselben einhergeht. Eine genauere Ursachen-Wir-

kungs-Aufschlüsselung findet nicht statt. Experimentalstudien zu diesem Aspekt-Komplex liegen nicht vor.

6. Sobald jugendliche Rezipient*innen explizit nach den Wirkungen von Pornografie *auf sich selbst* gefragt werden, kommt es zu teilweise abweichenden Ergebnissen. Tendenziell finden die Befragten, dass Pornografie ihr Wissen über Sexualität erweitere und verbessere, zu einer (sexuell) positiveren Wahrnehmung des anderen Geschlechts und einer höheren Qualität des eigenen Sexuallebens führe. Diese Einschätzungen sind geschlechtsübergreifend. Lemke und Weber weisen darauf hin, dass verifizierte Erkenntnisse über die *kognitive Wirkung* von Pornografie als eines Transporters und Vermittlers von sexuellem Wissen gering sind. Weber und andere Wissenschaftler*innen konnten in einer quantitativen Querschnittsstudie aufzeigen, „dass Jugendliche, die häufiger Pornographie konsumierten, auch die darin gezeigten sexuellen Praktiken als verbreiteter einschätzten.“ (Lemke; Weber 2016: 102) Dieser Befund spricht für die Kultivierungsthese, der gemäß Vielrezipient*innen bestimmter Medieninhalte ihre Einschätzung von Wirklichkeit an das durch die Medieninhalte kommunizierte Wirklichkeitsbild anpassen – und zwar auch dann, wenn dieses Bild nicht der direkt und persönlich erfahrenen Wirklichkeit entspricht. (Vgl. ebd.: 101)

4.2.4. Die Überblicksdarstellung von Starke (2010)

Starke schließt, anders als Lemke und Weber, in seine Überblicksdarstellung auch solche Untersuchungen mit ein, die sich allgemein mit der Lebenswelt Jugendlicher, etwa mit ihrem Beziehungs- oder Mediennutzungsverhalten, auseinandersetzen und das Thema Pornografie in diesem Zuge untergeordnet mitaufgreifen. Seine Überblicksdarstellung lässt folgende resümierenden Ergebnisse zu (Vgl. Starke 2010: 94-141):

1. Laut der Stulhofer-Studie lassen sich höchstens geringe Wirkungen des Pornografie-Konsums auf Jugendliche verifizieren. Dies gilt für alle 3 in der Studie abgefragten Aspektfelder: den Abgleich des eigenen Skripts von ‚bestem Sex' mit pornotypischen Skripten; die Fähigkeit zur Intimität in einer ‚Partnerschaft im engeren Sinn'; und die eigene sexuelle Zufriedenheit. Die Ergebnisse gelten geschlechterübergreifend. Sie lassen sich laut Aussage der Studienautoren zwar nicht generalisieren, erscheinen ihnen aber plausibel.[41]

2. Die Rheinland-Pfalz-Studie gibt grobstrukturelle Aufschlüsse über die *affektive Wirkung* von Pornografie auf Kinder und Jugendliche hinsichtlich der Frage, ob ein jeweiliger pornografischer Inhalt spontan ‚positive' oder ‚negative' Gefühle bei den Rezipient*innen auslöst. Unterschieden wurde in der Studie

---

[41] Die bekundete Plausibilität der Ergebnisse kann ggf. die Plausibilität des *Lovemaps*-Konzepts stützen. Vgl. hierzu Kapitel 4.3.1. dieser Arbeit.

zwischen Softpornografie und Hardcore-Pornografie. Soft-Pornografie ist geschlechterübergreifend akzeptierter als Hardcore-Pornografie. Jüngere Rezipient*innen haben vergleichsweise öfter als ältere bei Softpornografie ‚negative' Gefühle; ebenso Mädchen eher als Jungen. Starke schreibt: „Positive bis neutrale Bewertungen von Softpornos gaben 48% der Mädchen und 92% der Jungen, negative Bewertungen 52% der Mädchen und 8% der Jungen. Hardcorepornos wurden von 99% der Mädchen und 94% der Jungen negativ bewertet." (Starke 2010: 102)

3. Mehrere Untersuchungen widersprechen in ihren Ergebnissen demjenigen gängigen wirkungstheoretischen Postulat, nach dem der Konsum von Pornografie dazu führen würde, dass minderjährige Rezipient*innen nicht mehr eigenständig zwischen erfahrener Realität und dem Realitätsbild, das durch Pornografie kommuniziert wird, unterscheiden könnten.[42] Hoffmanns Potsdam-Studie, Webers Onlinebefragung, Popandas Analysen zum Einfluss von Pornografie, die Pornostudie der pro familia u. a. zeigen, dass Kinder und Jugendliche sich signifikant mehrheitlich a) des artifiziell-szenischen Konstrukt- und Inszenierungscharakters von Pornografie bewusst sind und b) den durch Pornografie kommunizierten Darstellungsinhalten wählerisch[43] bis kritisch gegenüberstehen.

---

[42] Vgl. Theorie der Exemplifikation auf S. 57 dieser Arbeit.
[43] Bezüglich des *Uses and Gratification Approach* vgl. Kapitel 4.3.2. dieser Arbeit.

4. Die Dr. Sommer-Studie 2009 verifiziert Daten zu den *affektiven Wirkungen* von Pornografie auf Kinder und Jugendliche. Ihr gemäß finden 46% der befragten Mädchen Pornografie ‚abstoßend'; sie konsumieren Pornografie entsprechend auch signifikant weniger als Jungen. 57% der befragten Jungen finden Pornografie ‚anregend'. Fast die Hälfte der befragten Jungen ist der Ansicht, dass sie durch die Rezeption von Pornografie ‚etwas über Sex' lernen.

5. Die Hamburger Studie zu Jugendsexualität und Internet (o. J.) konstatiert, dass die hohe Präsenz und Verfügbarkeit von Pornografie zu deren sog. ‚Veralltäglichung' führe. Die intrapsychischen Skripte der Heranwachsenden würden durch den Konsum von Pornografie nicht signifikant modifiziert, aber die interaktionellen: nämlich im Sinn einer Erweiterung. Besonders Jungen sprächen über Pornografie-Konsum in einer ‚normalisierten' Art miteinander. Dieser Befund wird durch Grimms Studie Porno im Web 2.0 aus dem Jahr 2010 bestätigt. Die in diesem Rahmen geführten Einzelinterviews erbrachten, dass für Jungen der Pornografie-Konsum ein Teil des täglichen Medienkonsums ist; entsprechend spricht die Studien-Autorin von einer „Normalisierungsstrategie" (Grimm zitiert nach Starke 2010: 119) der Jungen, während Mädchen der Pornografie einen signifikant geringeren Stellenwert für ihren Lebensalltag zuschrieben.

4.2.5. Weitere relevante Ergebnisse quantitativer und experimenteller Untersuchungen

Einige Studien spezifizieren durch ihre Ergebnisse den von Lemke und Weber ausgewiesenen Zusammenhang zwischen Pornografie-Rezeption und Gewalteinstellung und -bereitschaft bei männlichen Jugendlichen. Diesen Studien zufolge führt die Rezeption pornografischer Inhalte nicht grundsätzlich und voraussetzungslos zu einer erhöhten Affirmation von Gewalt. Die Erhöhung der Gewaltaffirmation lässt sich laut Sciaraffa für diejenigen Jugendlichen verifizieren, „who possess a combination of predisposing risk factors (e.g., impulsive and antisocial tendencies, hostility, hypermasculinity, lack of empathy, alcohol and drug use, childhood history of abuse, association with sexually aggressive peers)“ (Sciaraffa 2015: 8). Die von Sciaraffa geschilderte Verifikation korreliert mit Annahmen der sozial-kognitiven Lerntheorie.[44] Wieder andere Studien konnten den Zusammenhang zwischen Pornografie-Rezeption und Gewalteinstellung und -bereitschaft bei männlichen Jugendlichen nicht verifizieren. (Vgl. ebd.: 8)

Der Befund der Dr. Sommer-Studie 2009, dass Jungen sich Wissen über Sex per Pornografie-Rezeption aneignen, wird durch diverse Untersuchungen aus dem angelsächsischen Raum bestätigt. (Vgl. Steffen

---

[44] Vgl. hierzu S. 57f. dieser Arbeit.

2014: 222f.) Webers Onlinebefragung 2011 von Jugendlichen im Alter von 14 bis 17 erbrachte, dass Jungen tendenziell häufiger als Mädchen Pornografie rezipieren. Das Bedürfnis, mehr über Pornografie wissen zu wollen, wurde geschlechterübergreifend und -paritätisch von über der Hälfte der Befragten angegeben. (Vgl. Vogelsang 2017: 264) Die Untersuchung von Rihl 2015 konnte nicht bestätigen, dass Pornografie entweder (meistens) von Jungen oder, wie in der Überblicksdarstellung von Lemke und Weber markiert,[45] geschlechterübergreifend gleichanteilig zum Wissenserwerb genutzt wird; in seiner Onlinebefragung ist der Anteil der Mädchen höher als derjenige der Jungen. (Vgl. ebd.: 264) Bei einer Studie mit Schüler*innen im Alter von 10 bis 15 Jahren verifizierten Fuchs, Lamnek und Luedtke einen Bezug zwischen Pornografie-Rezeption und risikohaftem Sexualverhalten (z. B. ungeschützter Oral- oder Analverkehr, Promiskuität, Alkohol- und Drogenkonsum verbunden mit Sex). Des Weiteren beobachteten sie „eine Beziehung zwischen dem Konsum von Porno-, Kriegs- und Horrorfilmen und dem Gewaltverhalten [...], wobei der Gewaltindex [...] bei Pornofilmen [am höchsten war]“ (Steffen 2014: 224). Hinsichtlich der *affektiven Wirkung* von Pornografie auf Jugendliche erbrachte die Untersuchung von Altstötter-Gleich, dass 30,3% der befragten Jungen und 23,5% der befragten

---

[45] Vgl. S. 71 dieser Arbeit.

Mädchen pornografische Darstellungen als sexuell ‚erregend‘ empfinden. Ein Nachahmungswunsch entsteht bei 19,8% der Jungen und 12,7% der Mädchen. Verunsicherung artikulieren 6,8% der Jungen und 14,6% der Mädchen. 4% der Jungen sind der Ansicht, Pornografie zu rezipieren, führe dazu, dass sie mit dem eigenen Körper unzufrieden sind; diese Ansicht haben 18,3% der Mädchen. Dass Pornografie keine Wirkung auf sie ausübe, meinen 5,3% der Jungen und 19,5% der Mädchen. (Vgl. Steffen 2014: 224f.) Eine Studie von Brooke verifiziert, dass 60% der befragten Jugendlichen der Ansicht sind, Pornografie habe Auswirkungen auf ihr eigenes Sexualleben[46] und beeinflusse negativ ihr Selbstbewusstsein und Körperbild. (Vgl. ebd.: 227) Nach einer schwedischen Studie liegt die Rate bei Jungen und Mädchen, die Pornografie rezipiert und Lust auf gewaltimplizierenden Sex haben, für Mädchen bei 0% und für Jungen bei 0,3%. Sadomasochistische Sexualpraktiken, die in der Studie von den gewaltimplizierenden abgegrenzt werden, präferieren 0,6% der befragten Jungen und 4% der befragten Mädchen. (Vgl. ebd.: 226)

[46] Welche Auswirkungen genau das sind, wird nicht expliziert.

4.2.6. Relevante Ergebnisse ausgewählter qualitativer Studien

Die qualitative Studie von Gloël

Gloël befragte in problemzentrierten Einzelinterviews junge Männer in der späten Adoleszenz, die während ihrer Kindheit oder Jugend regelmäßig Pornografie rezipiert hatten. Durch seine Interviews lässt sich für alle Interviewten kennzeichnen, dass ihre Pornografie-Rezeption besonders in der Zeitspanne bis zum ersten Geschlechtsverkehr von Bedeutung war. (Vgl. Gloël 2010: 50) Die Befragten sprechen alle von einem intensiv erlebten Performance-Druck in dem Sinn, dass sie befürchten, beim ‚ersten Mal' nicht ‚gut genug' und als Sexualpartner für die Frau unbefriedigend zu sein. In dieser Situation hätten sie Pornografie dazu genutzt, sich Informationen darüber zu beschaffen, was körperlich eigentlich beim Sex passiert und ‚worauf es ankommt'. Auch das Wissen über variierende Sexualpraktiken wurde durch Pornografie-Rezeption vor dem ersten Koitus angesammelt. (Vgl. ebd.: 52) Ein Befragter sagt aus, dass die Rezeption von Pornografie den bereits bestehenden Performance-Druck bei ihm nochmals erhöht habe. (Vgl. ebd.: 51) Entsprechend kann Pornografie laut Gloëls Ergebnissen als potenzieller positiver Verstärker[47] bereits vorhandener

---

[47] Bezüglich der Verwendung des Adjektivs *positiv* vgl. Fußnote 13.

psychischer Konflikte markiert werden. Des Weiteren geben die meisten Befragten an: sie hätten nach dem ersten Geschlechtsverkehr erkannt, dass die pornografischen Darstellungen von Sexualität nicht mit ihrer persönlich erfahrenen Lebenswirklichkeit übereinstimmen. (Vgl. Gloël 2010: 51) Im Zuge dessen habe die Bedeutung von Pornografie für ihr Leben wieder abgenommen; d. h. das internalisierte pornografische Skript wurde durch die selbstgemachten Erfahrungen verdrängt. Im Widerspruch zu dieser Aussage geben die jungen Männer an, dass Pornografie nach der Skript-Wandlung das eigene Sexualleben weiterhin ‚inspiriert' habe. (Vgl. ebd.: 56f.)

Die qualitative Studie von Stähler

Stähler führte zwischen 2007 und 2008 insgesamt 39 Einzelinterviews und 2 Gruppengespräche mit pornorezipierenden Kindern und Jugendlichen im Alter zwischen 11 und 19 Jahren durch. Sie fokussierte bewusst auf Heranwachsende aus ökonomisch destabilisiertem Familien- und Peerumfeld, „die in den Milieus am Rande oder gar jenseits der Respektabilität der ‚guten Gesellschaft' zuhause sind" (Stähler 2014: 113).[48] Stähler markiert in ihrem Forschungsbericht eine Reihe von Symptomen, die gängiger Weise als Wirkungen von pornografischen Inhalten auf minderjäh-

[48] Vgl. Fußnote 73.

rige Rezipient*innen veranschlagt werden. Dazu gehören u. a.: wechselnde Sexualpartner*innen (in den beschriebenen Fällen bis zur hochfluktuierenden Wahllosigkeit, auch in Gruppensexsettings), Bereitschaft zu ungeschütztem Geschlechtsverkehr und eine hohe Variation der Sexualpraktiken. Eine der zentralen Verifikationen bei Stähler ist, dass die Jugendlichen aus dem von ihr fokussierten Gesellschaftsumfeld großmehrheitlich kein Bewusstsein für eine Trennung zwischen eigener, persönlich erfahrener Wirklichkeit und den pornografischen Darstellungen zeigen. (Vgl. Stähler 2014: 111) An vielen Stellen des Berichts wird – auch in zitierten Interviewaussagen – deutlich, dass und auch wie die Befragten rezipierte pornografische Darstellungen als Vorbild für das eigene Sexualleben verwenden. (Vgl. ebd.: 116, 119f., 124, 127) Mit Blick auf die Jungen konstatiert Stähler eine direkte und generelle Lernwirkung von Pornografie, was den Umgang mit und die Ausgestaltung von sexueller Macht und Gewalt angeht. (Vgl. ebd.: 113f.) Mit diesem Befund korreliert, dass die meisten befragten Mädchen der Ansicht sind: beim Sex gehe es darum, das zu tun, was dem/den Jungen gefällt. (Vgl. ebd.: 124) Die Dissoziation der eigenen sexuellen und emotionalen Bedürfnisse steigert sich bei einigen Mädchen bis in die Uminterpretation der selbstlosen Verfügbarkeits- in eine Dominanzrolle (z. B. bei Bukkake-Settings). (Vgl. ebd.: 131)

Weitere wichtige Ergebnisse von Stählers Untersuchung: die befragten Mädchen rezipieren signifikant seltener Pornografie als die befragten Jungen; auch tun sie es nicht selbstmotiviert, sondern ausschließlich auf Wunsch der Jungen und mit ihnen gemeinsam. Dabei lässt sich zwischen den Geschlechtern keine signifikante Differenz in den Werteinstellungen und -ansichten bezüglich Pornografie feststellen. (Vgl. Stähler 2014: 110f.) Die Rezeption von Pornografie gehört für die befragten Jugendlichen zum Lebensalltag, ist ‚normalisiert' und scheint ihre Konzepte von Liebe, Sexualität und Beziehung stark zu prägen. (Vgl. ebd. 2014: 118, 136) Auch ist eine Eskapadenfunktion[49] bei den Rezipient*innen erkennbar. Im Unterschied zu vielen quantitativen Studien bestätigt Stählers Untersuchung die oft geäußerte Vermutung, dass die Häufigkeit von Pornografie-Rezeption und der grundsätzliche Stellenwert von Pornografie bei Jugendlichen eng mit Peergroup-Prozessen und -Aushandlungen zusammenhängen. (Vgl. ebd.: 122)

4.3. Theorie- und forschungsparadigmatische Anpassungen

Eine Gegenüberstellung des Kompendiums wirkungstheoretischer Thesen und der Ergebnisse empirischer Pornografie-Wirkungsforschung zeigt, dass fraglos herstellbare, eindeutige Verknüpfungslinien relativ

---

[49] Zum Begriff Eskapadenfunktion vgl. S. 27 dieser Arbeit.

wenige sind. Eine Bestätigung der theoretischen Postulate bleibt weiten Teils aus. Dieser Befund hat schon vor einigen Jahren einen theorie- und forschungsparadigmatischen Anpassungsprozess eingeleitet, der bis heute anhält und den (fach)öffentlichen Diskurs erweitert. (Vgl. Rihl 2015: 258) Zentrale Bezugskonzepte dieses Prozesses sind die *Lovemaps* und der *Uses and Gratification Approach*. Eine dezidierte Besprechung dieser Konzepte und der aus ihnen resultierenden empirischen Forschungspraxis ist aus Platzgründen hier nicht möglich. Allerdings ist eine Skizze der Konzepte a) für die kritische Bewertung sowohl der zuvor dargestellten Studienergebnisse als auch insbesondere ihrer Perspektivierung innerhalb der Fachliteratur und b) für die kritische Besprechung pädagogischer Konzeptualisierungen von Pornografie-Wirkung auf Kinder und Jugendliche vonnöten.

4.3.1. *Lovemaps* bei Money

Das Konzept der *Lovemaps* wurde 1986 von John Money eingeführt. Es fußt auf der basalen psychoanalytischen Grundannahme, dass der Beginn des menschlichen Sexualverhaltens und damit die Ausprägung menschlicher Sexualidentität in der frühen Kindheit wurzeln. Diese Grundannahme – erweitert um den Aspekt frühkindlicher sexueller Sozialisation – ist gegenwärtig auch in der Sexologie, Soziologie und Entwicklungspsychologie Konsens. (Vgl. Rihl 2015: 261) Money fusioniert Identitätspsychologie und Sozialisationstheorie mit sexologischen Ansatzteilen, um eine Möglichkeit zu schaffen, erklärungskonzeptionell die Sexualidentität und das Sexualverhalten, das Jugendliche und Erwachsene zeigen, an frühkindliche Entwicklungsprozesse und deren ‚Eingravierung' in die Persönlichkeitsstruktur rückzubinden. Er vergleicht die *Lovemap* mit der Muttersprache eines Kindes und deren Erwerb; außerdem beschreibt er ihre Funktions- und Wirkweise:

> „A lovemap is not present at birth. Like a native language, it is differentiated within a few years thereafter. It is a developmental representation or template in your mind/brain, and is dependent on the input through the special senses. It depicts your idealized lover and what, as a pair, you do together in the idealized, romantic, erotic and sexualized relationship. A lovemap exists in mental imagery first, in dreams and fantasies, and then maybe translated into action with a partner or partners." (Money 1986: XVI)

Money geht von einer pränatalen Initiation der *Lovemap* aus, ohne dass sie bereits persönliche Konturen annehmen würde. Bis nach der Geburt noch beschränkt sich die Konkretion der *Lovemap* auf a) Geschlechtsausbildung und physiologische Grundsensibilisierung durch Erektionen sowie b) Kontakt zwischen Genitalien und Umwelt (inkl. Berührung der Fötus-Genitalien im Mutterleib). Dann kommen schrittweise expansive und differenzierende Dynamiken hinzu – das *flirtatious rehearsal play* u. a. –, die die *Lovemap* zu strukturieren beginnen und kontinuierlich festigen. Laut Money entwickelt sich die Grundkontur der *Lovemap* in altersgebundenen Phasen[50] und ist im Adoleszenz-Alter vollständig aufgebaut. Ab der Adoleszenz kann die *Lovemap* zwar durch erlebte Erfahrungen, eventuell resultierende Einstellungswandlungen etc. noch geringfügig erweitert oder abgeändert werden; im Wesentlichen aber steht sie ein Leben lang fest. (Vgl. Rihl 2015: 262f.)

Mit Blick auf die Frage nach der möglichen Wirkung von Pornografie-Rezeption auf Kinder und Jugendliche sind folgende Aspekte wichtig (Vgl. ebd.: 262f.):

1. Die *Lovemap* entsteht, der Theorie nach, in der frühesten Kindheit unabhängig von medialen Einflüssen.[51]

---

[50] An dieser Stelle ist kritisch zu bemerken, dass heutzutage der Theorieansatz der ‚Phasenentwicklung abhängig von Altersstufen' interdisziplinär weitgehend als obsolet erachtet wird.

[51] Kürzlich sah der Verfasser dieser Thesis in der S-Bahn einen Mann, der einem im Kinderwagen sitzenden, (geschätzte) 2 Jahre alten Jungen ein Smartphone vors Gesicht hielt und einen Headphone-Stöpsel ins Ohr gesteckt hatte. Vielleicht muss, entsprechend des mittlerweile u. U. sehr frühintensiven Rezeptionskontakts von Kleinkindern mit Medien, aktuell von einer

2. Das Konzept der *Lovemap* beschreibt, wie sich individuelle Sexualvorstellungen und -präferenzen bis zur Adoleszenz entwickeln. Somit kann es, thesenpotenziell, auch die Präferenzen eines*r Rezipient*in für bestimmte pornografische Inhalte erklären.

3. Über das Konzept der *Lovemap* kann die Rezeption von Pornografie als mögliche Ersatzhandlung eines Menschen verstanden werden für den Fall, dass er aus irgendwelchen Gründen die in seiner *Lovemap* definierte Sexualidentität nicht oder, dem eigenen Erleben nach, nur unbefriedigend verwirklichen kann.

Rihl argumentiert resümierend, „dass Pornografie [...] immer in Rückbezug auf die individuelle Lovemap (individuelle Vorprägung) rezipiert und interpretiert wird." (Rihl 2015: 263) Da Medieninhalte nur einen Teilbereich der Sozialisation ausmachen – und pornografische Inhalte wiederum nur einen Teil dieses Teilbereichs –, gehen Verterter*innen des *Lovemap*-Konzepts in der Regel davon aus, dass Pornografie keine direktkausale Wirkung auf die Sexualität Jugendlicher haben kann. (Vgl. ebd.: 263) Die Undurchdringlichkeit dieses Standpunktes kann befragt werden. Dines zum Beispiel merkt an: Jungen begännen heutzutage durchschnittlich mit 11 Jahren – also schon als Kinder

---

bedingten Einflussmöglichkeit von Medieninhalten auf die Gesamtentwicklung des Kleinkindes und somit auch auf dessen *Lovemap* ausgegangen werden.

–, Pornografie zu rezipieren, wodurch dieselbe „tatsächlich in die sexuelle Identität eines Jungen eingewoben“ (Dines 2014: 12) würde. Im Sinn des *Lovemap*-Konzepts müsste, was die Wirkung von Pornografie auf Kinder betrifft, berücksichtigt werden, dass bei ihnen die *Lovemap* noch nicht vollständig stabilisiert und daher modellieroffen ist.

4.3.2. Der *Uses and Gratification Approach*

Der *Usus and Gratification Approach* hat ähnlich wie die Medienwirkungstheorie den*die Rezipient*in im Blickmittelpunkt. Er zieht den Fokus allerdings von der Frage weg, welche Wirkung Medieninhalte ggf. auf den*die Rezipient*in haben, und verschiebt ihn auf die Frage nach seinem*ihrem Nutzen. Der *Uses and Gratification Approach* geht von fünf Grundannahmen aus (Vgl. Rihl 2015: 258):

1. Der*die Rezipient*in ist aktiv und nutzt spezifische Medienangebote zielgerichtet.
2. Die Selektion eines Mediums und der medialen Inhalte sind abhängig von dem*r Rezipient*in.
3. Zentraler Nutzen von Medien(-inhalten) ist die Befriedigung von Bedürfnissen.[52]

---

[52] Das Nomen *Bedürfnisse* ist hier weit zu fassen. Z. B. kann auch das Bedürfnis befriedigt werden, fehlendes Wissen zu einem Thema einzuholen.

4. Die Annahmen des *Uses and Gratification Approach* lassen sich durch Befragungen verifizieren; denn der*die Rezipient*in handelt bewusst.

5. Bei Befragungen wird die Mediennutzung aus Perspektive des*r Rezipient*in ermittelt.

Feona Attwood übertrug 2005 die Annahmen des *Uses and Gratification Approach* auf die empirische Pornografie-Forschung, indem sie die Frage, was Pornografie mit den Rezipient*innen macht, umgedreht hat zur Frage: Was machen die Rezipient*innnen mit Pornografie? (Vgl. Rihl 2015: 261) Seit dem steht der Pornografie-Wirkungsforschung eine Pornografie-Nutzungsforschung zur Seite. Die Nutzungs- hat die Wirkungsforschung z. T. paradigmatisch abgelöst, sich darüber hinaus mit der Motivations- und Funktionsforschung verbunden.[53] Beide ‚neuen' theoretischen Bezugskonzepte – *Love Maps* und *Uses and Gratification Approach* – sowie die aus ihnen resultierende empirische Forschung referieren diskursiv immer wieder auf einen zentralen Thesenbaustein der Cultural Studies: die subjektive Dekodierung und Sinndeutung von Medien- und somit auch pornografischen Darstellungsinhalten. Vollbrecht schreibt hierzu: „Mediennutzer_innen nehmen dieselben Medieninhalte in der Regel sehr unterschiedlich wahr; das weiß jeder, der

[53] Für eine exemplarische, aus empirischen Erhebungen abgeleitete Motivkategorisierung und Nutzer*innen-Typologie vgl. Rihl 2015: 264-272.

einmal eine Filmdiskussion erlebt hat." (Vollbrecht 2016: 137)

4.4. Aspekte möglicher Ideologiebehaftung in der Präsentation empirischer Forschungsergebnisse

Bei der Sichtung relevanter empirischer Studien, die sich mit der möglichen Wirkung pornografischer Inhalte auf Kinder und Jugendliche befassen, und bei der Sichtung der diskursiven Untersuchungs*präsentationen* fällt oft eine Art der Theorie- oder sogar unwissenschaftlich vorgetragenen Thesenbindung auf, die Fragen hinsichtlich einer konsequenten, selbstkritischen Unvoreingenommenheit der Forschenden und/oder Autor*innen aufkommen lässt. Der bestehende, mehrfach wissenschaftlich bezeugte Erkenntnismangel mit Blick auf die empirischen Ergebnisse der Pornografie-Forschung wurde in dieser Thesis schon benannt.[54] Dem tendenziell ‚dürftigen' empirischen Ertrag stehen, in Relation dazu gesehen, unverhältnismäßig souverän artikulierte wirkungstheoretische Vorperspektivierungs- und/oder Ableitungsargumentationen gegenüber. Solche Argumentationen zie-

[54] Vgl. Kapitel 4.2.1. dieser Arbeit.

hen sich, bemerkenswerter und für den Verfasser dieser Thesis unerwarteter Weise, nicht nur durch die Diskursbeiträge eher ‚klassisch' argumentierender Wirkungsforscher*innen, sondern werden auch von Forscher*innen produziert, die das *Lovemaps*-Konzept und den *Uses and Gratification Approach* befürworten. Im Folgenden sollen mögliche Ideologiebehaftungen der jeweiligen Argumentationen exemplarisch beschrieben werden. Grund hierfür ist, dass die Ideologiebehaftungen, die im Diskursrahmen empirischer Forschungen eventuell kultiviert werden, in den pädagogischen Konzeptualisierungen des Themas *Pornografie-Wirkung auf Kinder und Jugendliche* aktualisiert werden (können).

An der ‚klassischen' Pornografie-Wirkungsforschung wird kritisiert, dass sie a priori von ausschließlich kinder- und jugendschädlichem Wirkungspotenzial pornografischer Inhalte ausgeht und daher auch nur dieses Potenzial empirisch abfragt. (Vgl. Korte 2018: 87; Lemke; Weber 2016: 87) Rihl bezeichnet die öffentliche Diskurstendenz, die aus einer Negativfixierung[55] von Pornografie entsteht, als „moralische

[55] Lemke und Weber – obwohl Vertreter*innen der Pornografie-Nutzungsforschung – sprechen dieser Negativfixierung insofern eine situative, sich immer wieder reaktualisierende Berechtigung zu, als die Sozialwissenschaften so „ihrer Aufgabe nach[kommen], durch gesicherte Erkenntnisse auf Sorgen der Bevölkerung und Politik zu reagieren, gesellschaftliche Fehlentwicklungen zu erkennen und Impulse für politisches und pädagogisches Handeln zu geben." (Lemke; Weber 2016: 88)

Panik eines Werteverfalls“ (Rihl 2015: 258), die ohne wissenschaftliche Evidenzen mit Phrasen wie z. B. ‚Verwahrlosung der Jugend‘ operiert. In Präsentationen, in denen pornografie-kritische Forscher*innen die Ergebnisse ihrer eigenen Untersuchungen darstellen, und in pornografie-kritischen Überblickspräsentationen empirischer Pornografie-Wirkungsforschung fallen immer wieder theoretische, ethisch-moralische u. a. Vorabperspektivierungen auf, die keinen generalisierbaren Erkenntnisbezug zu den Forschungsergebnissen zeigen. Trotzdem werden diese Vorabperspektivierungen bis hinein in die Schlussfolgerungen aus den Studienergebnissen beibehalten. Die Forscher*innen des Finkelhor-Surveys von 1999 und 2005 können z. B. nur die Pornografie-Rezeption von Kindern und Jugendlichen verifizieren, aber keine konkreten Wirkungen der Pornografie. Auf dieser Basis artikulieren sie ihre Besorgnis über die Ergebniszahlen und interpretieren unbeabsichtigte Pornografie-Rezeption pauschal als ‚online victimization‘ und beabsichtigte Rezeption als ‚Risikoverhalten‘. (Vgl. Starke 2010: 99) Auffällig ist, dass auch bei den Überblicksdarstellungen wiederholt Studien mit einbezogen werden, die keine Ergebnisse zur Wirkungsweise von Pornografie auf Kinder und Jugendliche bereitstellen oder diese Wirkungsweise gar nicht abgefragt haben. Ein prägnantes Beispiel hierfür sind Pastötters Sexreports 2008 im Studienüberblick von Starke. (Vgl. ebd.: 100) Steffen verweist in ihrer Überblicksdarstellung auf jährliche Umfragen in Australien und den National Survey of Sexual Attitudes and Lifestyle 2013, wobei sie einen hypothetischen Zusammenhang zur Wirkung von Pornografie auf Kinder und Jugendliche herstellt, ohne dass sie hierfür geeignete Untersuchungsergebnisse aufführt. (Vgl. Steffen 2014: 218f.) Stählers Bericht über ihre qualitative Milieu-Untersuchung zur Pornografie-Wirkung bei Kindern und Jugendlichen fällt durch eine z. T. unwissenschaftliche Suggestivrhetorik auf. (Vgl. z. B. Stähler 2014: 131) Allein der Buchtitel *Generation Porno. Jugend zwischen Pornographie und Sexualität* steht in seiner generalisierenden Formulierung im Widerspruch dazu, dass Stähler bewusst nur einen eng gefassten, ökonomisch-sozial vorselektierten Addressat*innenkreis befragte. Stähler selbst weist zurecht darauf hin, dass in Ergebnisberichten zu vielen quantitativen Studien oft Vermutungs- und Erwägungsvokabular[56] verwendet wird. (Vgl. ebd.: 155) Dieses Vokabular steht mitunter in Diskrepanz zur Überzeugtheit, mit der Studienergebnisse diskursiv eingesetzt werden, um die Faktizität von Pornografie-Wirkungen auf Kinder und Jugendliche zu bestätigen.

Die eher progressiv gerichteten Forscher*innen, die auf Grundlage des *Uses and Gratification Approach* argumentieren und im Forschungsinteresse

---

[56] Gemeint sind Formulierungen wie *Es könnte sein, dass*, *The results suggest that* oder *vermutlich.*

auch positiv konnotierte Wirkmöglichkeiten von Pornografie-Rezeption integrieren wollen (Vgl. Lemke; Weber 2016: 87), weisen ebenfalls ideologisierte Tendenzen auf, wenn es darum geht, Studien in die (fach)öffentlichen Diskurse einzubetten. Wenn, wie schon gesagt, ein mehrfach wissenschaftlich bezeugter Erkenntnismangel mit Blick auf die empirischen Ergebnisse der Pornografie-Wirkungsforschung besteht, bleibt unklar, wieso hieraus u. U. kurzschlussartig auf die Nichtuntersuchbarkeit oder das Nichtvorhandensein generalisierbarer Pornografie-Wirkungen auf Kinder und Jugendliche geschlossen wird. Dies gilt insbesondere, weil der Erkenntnismangel z. T. darauf zurückzuführen ist, dass nicht ausreichend viele (Vgl. Steffen 2014: 216) und nur wenige fundierte Untersuchungen (Vgl. Starke 2010: 95) zum Thema gemacht wurden. Erkenntnislücken in der Wirkungsforschung, die durch eine Forschungslücke teilbedingt sind, lassen sich nicht automatisch durch einen Switch im Forschungsansatz hin zur Nutzungsforschung schließen. Außerdem wird aktuell auch die Fundierung der Nutzungsforschung, genau wie vordem der Wirkungsforschung z. T. aus empirisch nur schwer verifizierbaren Theorievoraussetzungen hergeleitet (*Lovemaps*). Dadurch können zirkelschlussartige Denkfiguren entstehen wie z. B. bei Rihl, der seine eigenen empirischen Untersuchungsergebnisse wie folgt kommentiert: „Eine kausale Wirkung von Pornografie […] scheint – den theoretischen Konzepten und Überlegungen […] *folgend* [Hervorhebung durch den Verfasser] – nicht zu existieren.“ (Rihl 2015: 272) Verifiziert ist die Nichtexistenz von Pornografie-Wirkung dadurch aber nicht. Die subjektive Nutzung und den Rezipient*innen-Nutzen von Pornografie bei Kindern und Jugendlichen zu erforschen, scheint, den zu bearbeitenden Grundfragen nach, weitaus einfacher,[57] als mögliche (insbesondere auch Langzeit-)Wirkungen zu erforschen. Da entgegen der vermeintlichen Komplementarität von Wirkungs- und Nutzungsforschung (Vgl. Lemke; Weber 2016: 87) in der Forschungs- und Diskurspraxis eine fast paradigmatische Verschiebung hin zu Nutzungs- und Individualskript-Theoremen sowie zur Nutzungsforschung beobachtbar ist, bleibt zu fragen, wessen und welchen Interessen mitunter durch die Verdrängung der ‚klassischen' Wirkungsforschung zugespielt werden könnte/soll.

[57] Dasselbe gilt für die Erforschung der Rezipient*innen-Motivation.

5. Pädagogische Konzeptualisierungen der Pornografie-Rezeption von Kindern und Jugendlichen

Im folgenden Kapitel geht es darum, – vor dem Hintergrund aller bisherigen Analysebefunde dieser Thesis – pädagogische Konzeptualisierungen zu untersuchen, die sich auf die Pornografie-Rezeption von Kindern und Jugendlichen beziehen. In einem ersten Schritt werden einige allgemeine Hinweise gegeben, die den diskursiven Stellenwert der pädagogischen Konzeptualisierungen und ihre grundsätzlichen Merkmale erläutern. Im zweiten Schritt werden die Konzeptualisierungen inhaltlich einzeln vorgestellt; dabei erfolgt auch eine Einschätzung hinsichtlich ihrer jeweiligen Relation zu den empirischen Studienergebnissen sowie zur konkreten pädagogischen Praxis.

5.1. Allgemeine Bemerkungen

Pädagogische Konzeptualisierungen, die sich auf die Pornografie-Rezeption von Kindern und Jugendlichen beziehen, werden diskursiv entweder von pädagogischen und therapeutischen Fachkräften vorgenommen, die im sog. Feld mit Kindern und Jugendlichen als Klient*innen arbeiten; oder von Wissenschaftler*innen der Sozial-, Medien-, Kommunikationswissenschaft, Psychologie o. ä., die eigene empirische Untersuchungen zum Thema durchführen. Ähnlich wie bei den Vertreter*innen und Forscher*innen der hier bislang dargestellten Diskursansätze, -argumentationen und Studien teilen sich die sozialpädagogischen Konzeptualisierungen, was die vorausgehende Grundperspektive auf Pornografie-Rezeption angeht, in 2 ‚Lager':[58] zum einen das pornografie-kritische ‚Lager', das Pornografie-Rezeption allgemein als gesellschaftliche Gefahr und daher auch als erhöhtes Entwicklungsrisiko für Kinder und Jugendliche begreift; zum anderen das ‚Lager', das Pornografie-Rezeption subjektrelativistisch ausdeutet und im Sinn der medialen Rezipient*innen-Kompetenz von aktiven, kritisch reflektierenden und selektiv Pornografie nutzenden Jugendlichen[59] ausgeht. Auffällig ist, dass, obwohl beide ‚Lager' von konträren Wertungsvoraussetzungen herkommen, die jeweiligen pädagogischen Konzeptualisierungen in ihren praxisbezogenen Ansichten

---

[58] Dies ist ein allgemeiner diskursstruktureller Befund, keine Folge des diskursanalytischen Vorgehens in dieser Thesis. Das ist insofern wichtig anzumerken, als die pädagogischen Konzeptualisierungen z. T. von denselben Autor*innen stammen, die im Laufe der Kapitel 2. bis 4. dieser Arbeit behandelt und zitiert werden.

[59] Die meisten pädagogischen Konzeptualisierungen beziehen sich, abgesehen von wenigen Ausnahmen, explizit und ausschließlich auf Jugendliche. Zum Bedarf der Einbeziehung kinderpädagogischer Konzeptualisierungsaspekte vgl. Kapitel 6 dieser Arbeit.

und Vorschlägen zu weiten Teilen übereinstimmen bzw. sich vertragen, sich also keine der Konzeptualisierungen gegenseitig ausschließen. Besonders sticht hervor, dass kein einziger Konzeptualisierungs-Ansatz, der dem Verfasser dieser Thesis vorliegt, sich für pauschalrestriktive Maßnahmen wie ein grundsätzliches Pornografie-Verbot oder Rezeptionsverbot mit Blick auf Heranwachsende ausspricht.[60]

Korte weist zu Beginn seiner sexual- und medienpädagogischen Reflexion darauf hin, dass die Wirksamkeit pädagogischer und therapeutischer Interventionen mit Blick auf ein als inadäquat oder schädlich eingestuftes Rezeptions-Verhalten bei Pornografie wenig erforscht ist. (Vgl. Korte 2018: 205) Gleichwohl werden, wie bereits gesagt, die meisten pädagogischen Konzeptualisierungen mit Blick auf mögliche Gefährdungs-, Risiko- und Schädigungspotenziale der Pornografie-Rezeption von Kindern und Jugendlichen artikuliert.[61] Konzeptualisierungsaspekte, die sich auf eine Beförderung, Steigerung und Stärkung ‚positiv' konnotierter Wirkungsmöglichkeiten von Pornografie beziehen, sind unterrepräsentiert.

---

[60] Dieser Befund könnte allerdings auch damit zusammenhängen, dass pornografie-kritische Autor*innen pauschalrestriktive Maßnahmen, die *gesetzlich gesteuert* werden, mit Blick auf Pornografie-Rezeption generell vorziehen; dadurch könnte die Formulierung pädagogischer Konzeptualisierungen grundsätzlich überflüssig, zumindest sekundärrelevant erscheinen.

[61] Vgl. S. 55f. und 89f. dieser Arbeit.

5.2. Pornografie-Kompetenz bei Nicola Döring und Ralf Vollbrecht

Eine diskursive Bezugsgröße, auf die an verschiedenen Stellen in der Literatur, die für diese Thesis gesichtet wurde, immer wieder verwiesen wird, ist Nicola Döring. Sie prägt, auf Basis des subjektrelativistischen Ansatzes der individuellen Medienkompetenz den Begriff der Pornografie-Kompetenz. In ihrem diesbezüglichen Aufsatz unterscheidet sie generell zwischen zwei medienpädagogischen Schutzstrategien mit Blick auf potenziell schädliche Pornografie-Rezeption (Vgl. Döring 2011: 229):

1. Medienregulierung: sie wird in Deutschland vor allem durch Gesetze vollzogen.

2. Kompetenzförderung: sie wird in Wissenschaft, Pädagogik und Politik konsensmäßig weitgehend als pädagogische Hauptaufgabe angesehen.

Döring definiert Pornografie-Kompetenz als „gattungsspezifische[ ] Variante der […] Medienkompetenz“ (Ebd.: 236), die befähigen soll, „mit pornografischen Medienangeboten als selbst- und sozialverantwortlich handelnder Mensch zielgerichtet erfolgreich umzugehen.“ (Ebd.: 236) Erfolg meint bei Döring eine dreiteilig kompetenzsegmentierte Involvierung als Rezipient*innen in den jeweiligen pornografischen Inhalt. Die Kompetenzsegmente sind (Vgl. ebd.: 236-239):

1. Bewertungskompetenz: allgemeine Diskurskompetenz bezogen auf das Thema Pornografie, unabhängig vom eigenen Nutzungs- und Gestaltungsverhalten mit Blick auf pornografische Medienangebote.

2. Nutzungskompetenz: bezieht sich auf die eigene Nutzung pornografischer Medienangebote, abgestimmt auf die eigenen Präferenzen und das soziale Umfeld; der Erwerb dieser Kompetenz wird auch Nicht-Nutzer*innen empfohlen, die mit Nutzer*innen(-Gruppen) als Klientel arbeiten oder als Multiplikator*innen in medien-, sexualpädagogischen und -therapeutischen Arbeitssettings tätig sind.

3. Gestaltungskompetenz: bezieht sich auf die selbst- und sozialverantwortliche Eigenproduktion und (speziell Internet-)Veröffentlichung von Pornografie.

Diese drei Kompetenzsegmente müssen laut Döring durch fünf Komponenten einschlägiger Kenntnisse abgerundet werden (Vgl. Döring 2011: 237f.):

1. Medienkunde: Grundstock an Medienwissen, um Bewertungs- und Nutzungskompetenz entfalten zu können; Entwicklung von Medialitätsbewusstsein (Wie werden spezifische Inhalte technisch gemacht?), um pornografische Medieninhalte mit der eigenen Lebenswirklichkeit abgleichen zu können.

2. Kritikfähigkeit: referiert auf den potenziellen Gefährdungsgehalt pornografischer Inhalte; notwendig mit Blick auf Entfaltung der Nutzungs- und Gestaltungskompetenz sowie auf die Einschätzung z. B.

auch der ethischen Frage nach den Produktionsbedingungen, unter denen Pornografie-Darsteller*innen tätig sind.

3. Genussfähigkeit: referiert auf die potenziellen Chancen pornografischer Inhalte und deren Vergnügungspotenzial in sexueller, ästhetischer, intellektueller oder humoristischer Hinsicht; setzt Fähigkeit zu zielführender Lesart des pornografischen Inhalts und der Rezeptionsmodalitäten voraus; Voraussetzung: keine Kontraindikation (z. B. psychische Störung mit Auswirkungen auf das eigene Körperbild; eigene Erfahrungen mit sexuellem Missbrauch); Präventionsfunktion (z. B. mit Blick auf Sucht).

4. Fähigkeit zur Meta-Reflexion: Austausch z. B. im Freundes- oder Kolleg*innenkreis; hier sind Aspekte wie ‚passende Wortwahl', Grad der Selbstoffenbarung und Meinungstoleranz relevant; wichtig mit Blick auf alle drei Kompetenzsegmente.

5. Fähigkeit zur Selbst-Reflexion: eigenen Standpunkt kritisch bedenken (können); Resilienz-Faktor bei nichtgewollten ‚äußeren Einflüssen'; enthält Selbst-Bildungs- und Selbst-Entwicklungspotenzial.

Dörings eigene pädagogische Konzeptualisierung basiert darauf, den Kindern und Jugendlichen, die zufällig Pornografie rezipieren oder sie bewusst rezipieren wollen, zu helfen, die theoretisch durchdeklinierte Pornografie-Kompetenz zu entwickeln und einsetzen zu können. – Der wissenschaftlich nachvollziehbare Bezug auf empirische Daten ist gewährleistet. Eine

Verknüpfung des theoretischen Ansatzes mit pädagogischen Praxisvorschlägen findet an späterer Stelle des Aufsatzes statt.[62] (Vgl. Döring 2011: 241-250)

Vollbrecht konzentriert aus medienpädagogischer Perspektive seinen Aufsatz über die Folgen der Pornografien-Rezeption Jugendlicher auf zwei Analysestränge: zum einen die rezeptionstheoretische Dekonstruktion der gängigen „Bewahrpädagogik" (Vollbrecht 2016: 126) im Kinder- und Jugendmedienschutz, d. h. einer Pädagogik, die von kategorischem Mediendeterminismus und Rezipient*innen als ‚wehrlose Opfer' ausgeht; zum anderen auf die rezeptionstheoretische, studienempirisch gekoppelte Begründung des Paradigmenwechsels hin zu einer „Forderung nach der Förderung von Medienkompetenz" (Ebd.: 135). Vollbrecht argumentiert explizit sowohl mit Dörings Pornografie-Kompetenz als auch auf Basis des *Uses and Gratification Approach.* (Vgl. ebd.: 135f.) Dabei erklärt er, warum eine (im äußersten Fall gesetzlich verankerte) Verbots- und Kontrollpädagogik mit Blick auf Pornografie kontraindiziert sei: sie

---

[62] Aus Platzgründen wurde darauf verzichtet, die Pädagogisierung von Dörings theoretischem Ansatz mit in diese Thesis aufzunehmen. Wäre sie mit aufgenommen worden, hätte das stark auf den Platz für die Überblicksdarstellung weiterer pädagogischer Konzeptualisierungen geschlagen. Der Verfasser hat deshalb, obwohl ein Manko mit sich bringend, entschieden, sich auf die Darstellung von Dörings Theorieansatz zu beschränken, der zentral für viele pädagogische Konzeptualisierungen und überhaupt den thematisierten Diskurs ist.

würde das Interesse der Kinder und Jugendlichen an ‚verbotenen Inhalten' steigern und auch einen Distinktionswert erzeugen, da Jugendliche sich bei Mutproben o. ä. durch Pornografie-Rezeption vor ihren Peers profilieren könnten; des Weiteren sei eine ‚offene' Kommunikation zwischen Pädagog*innen etc., Kindern und Jugendlichen blockiert, sodass resultierende Tabuisierungen sich „sozialschädlich" (Vollbrecht 2016: 135) auswirken könnten. Vollbrecht setzt auf die altersmäßig möglichst frühzeitige Vorbereitung von Kindern und Jugendlichen auf Medieninhalte, denen sie u. U. im Internet und anderswo begegnen können; daneben befürwortet er konsequente Kinderschutzmaßnahmen. Auch plädiert er für Verhaltensregeln, die von den heranwachsenden Rezipient*innen erlernt werden sollten für den Fall, dass sie auf ‚verstörende' Inhalte stoßen. (Vgl. ebd.: 135; 143) – Der wissenschaftlich nachvollziehbare Bezug auf empirische Daten ist gewährleistet. Eine abstrahierte und konkrete Verknüpfung der Argumentation mit pädagogischen Praxisvorschlägen bleibt weitgehend aus.[63]

---

[63] Dieser Befund bezieht sich lediglich auf die für diese Thesis verwendete Literatur von Vollbrecht. Es ist möglich, dass Vollbrecht an anderer Stelle eine Verknüpfung mit pädagogischen Praxisvorschlägen herstellt. Dasselbe gilt für andere Autor*innen, bei denen derselbe oder ein ähnlicher Befund artikuliert wird.

5.3. Die befähigende Prävention bei Korte

Korte unterscheidet zwischen *bewahrender Restriktion* und *befähigender Prävention*. (Vgl. Korte 2018: 205f.) Im Sinn des Pornografie-Kompetenz-Ansatzes fokussiert er in der Aufgliederung praktischer pädagogischer Vorschläge auf die *befähigende Prävention*. Hierbei ist nicht die Prävention vor Rezeption gemeint, sondern vor potenzieller Schädigung durch dieselbe. Korte bezieht in seine pädagogische Konzeptualisierung neben Jugendlichen explizit Kinder mit ein. Er fokussiert, was die Vorschläge angeht, allerdings hauptsächlich auf die Erwachsenen, die mit (potenziell oder tatsächlich) Pornografie rezipierenden Kindern und Jugendlichen privat oder beruflich zu tun haben. Als Vorschläge werden aufgelistet (Vgl. ebd.: 206ff.):[64]

- intensive Beschäftigung mit dem Pornografie-Nutzungsverhalten von Kindern und Jugendlichen sowie möglichen Risiken;
- Erwerb relevanter sexualpädagogischer Kenntnisse;

[64] Kortes Vorschläge zum Thema Sexting werden nicht berücksichtigt. Die Abhandlung des Themas Sextings bedürfte eines eigenen Thesis-Komplexes, der den Rahmen dieser Arbeit sprengen würde.

- Schutz der Kinder und Jugendlichen durch Vermittlung relevanter Medien- und Kommunikationskompetenzen; möglichst frühzeitig ansetzen, da Kinder immer früher mit pornografischen Inhalten in Kontakt kommen;
- Vermittlung eines positiven, ganzheitlichen Bildes von (lustgeprägter) Sexualität und einen ‚befreiten Umgang' damit;
- Vermittlung der Ideale selbstbestimmter Sexualität, notwendiger Grenzziehung, wechselseitiger Rücksichtnahme und Toleranz gegenüber sexueller Vielfalt;
- Orientierungshilfen insbesondere für sehr junge Rezipient*innen, die keine bis wenige Rezeptionserfahrungen haben;
- möglichst ‚offene' Gespräche über Pornografie mit Jugendlichen, inkl. kritischer Reflexion pornografischer Inhalte mit Blick auf stereotype Geschlechterrollen, hegemoniale Interaktionsmuster etc.
- Einbeziehung pornografie-pädagogischen Materials;[65]
- Balance zwischen Achtung des Bedürfnisses Heranwachsender nach Abgrenzung und Abschirmung der eigenen Intimsphäre einerseits

[65] Exemplarische Materialien werden genannt. Vgl. Korte 2018: 207.

und andererseits kontinuierlicher Dialogbereitschaft mit Blick auf das Thema Pornografie;
- bei Sucht oder anderem potenziell riskanten bis schädlichen Mediennutzungsverhalten wie Rezeption von Gewaltpornografie: therapeutische Hilfsangebote bereitstellen;
- Prävention sexuell übergriffigen Verhaltens bis hin zu sexuellem Missbrauch;
- Vermittlung alternativer sexueller Skripte durch sexualpädagogische Filmproduktionen.

Korte betont, dass alle pädagogischen Vorschläge relativ zu verstehen seien, da keine Deutungshoheit über ‚richtige' oder ‚falsche' Sexualität, ‚gute' oder ‚schlechte' Medieninhalte etc. beanspruchbar wäre. (Vgl. Korte 2018: 209) – Der wissenschaftlich nachvollziehbare Bezug auf empirische Daten ist gewährleistet. Eine abstrahierte Verknüpfung der Argumentation mit pädagogischen Praxisvorschlägen findet statt, eine konkrete bleibt weitgehend aus.

5.4. Die studienbasierte Konzeptualisierung von Vogelsang

Vogelsang spricht sich auf Basis ihrer Onlinebefragung dafür aus, dass medien- und sexualpädagogische Angebote die Jugendlichen über diverse Präventions- und Interventionsoptionen aufklären sollen. (Vgl. Vogelsang 2017: 329) Um bei Pornografie-Rezeption gewährleisten zu können, dass Kinder und Jugendliche befähigt sind, souverän zwischen Realität und Fiktion zu unterscheiden, schlägt sie die Vermittlung von Körperwissen vor: insbesondere mit Blick auf Aussehen und Funktionalität des Frauen- und Männerkörpers. Außerdem sieht Vogelsang die Notwendigkeit, rechtliches Wissen heranwachsender Rezipient*innen zu stärken, da vielen nicht bewusst ist, dass es gesetzlich nicht strafbar ist, legale Pornografie zu rezipieren. Hinsichtlich der Reflexion von Geschlechterrollen besteht nach Vogelsang besonderer pädagogischer Bedarf. Deshalb empfiehlt sie, „die Geschlechterprägung der Denk- und Interaktionsweisen, die geschlechternormativen Grenzen und Freiheiten und die sexuelle Doppelmoral zu reflektieren, denn diese können den Zugang zu Chancen verstellen und Risiken verstärken." (Ebd.: 331) Denkschablonen wie Mädchen gleich ‚Opfer' und Junge gleich ‚Täter' seien zu durchbrechen. Auch sollten Jungen dazu ermutigt werden, dass sie sexuelle Viktimisierung durch Pornografie als unangenehm empfinden und artikulieren dürfen, Mädchen dagegen sexuelle Erregung als angenehm. (Vgl. ebd.: 331) Zur zentralen Aufgabe medien- und sexualpädagogischer Projektarbeit mit Jugendlichen gehört laut Vogelsang die Reflexion und Achtungsstärkung eigener Grenzen, sodass ein selbstbewusster und -regulierter Umgang mit Pornografie möglich wird und ggf. nicht gewollten Fremderwartungen resilient begegnen werden kann. (Vgl. ebd.:

331) Um Jugendliche zur kritischen Auseinandersetzung mit Pornografie zu motivieren, weist Vogelsang darauf hin, dass entsprechende pädagogische Angebote vor allem Spaß machen sollten.

In weiteren Ausführungen nimmt Vogelsang noch eine ziel- und risikogruppenspezifische Binnendifferenzierung vor. Sie unterteilt die Gruppenkategorien *Alter* und *Geschlecht*. Mit Bezug auf die Kategorie *Alter* empfiehlt sie medienpädagogische Projektarbeit mit Heranwachsenden ab dem 14. Lebensjahr und die kritische Reflexion pornografischer Inhalte insbesondere mit den „[J]üngeren" (Vogelsang 2017: 334), sofern sie bereits Pornografie rezipiert haben. Sie hält im Rahmen solcher Projektarbeit außerdem die Thematisierung von Ängsten und Befürchtungen der Heranwachsenden sowie von (Nicht-)Nutzungsmotiven für geboten. Usertechnische Wissensvermittlung sei vonnöten, um sich vor unwillentlicher Konfrontation mit pornografischen Inhalten schützen zu können (z. B. Blockierung von Pop-up-Fenstern). Präventionsarbeit mit jüngeren Jugendlichen sieht Vogelsang auch in der Vermittlung von Präventionswissen. (Vgl. ebd.: 334f.) – Mit Bezug auf die Kategorie *Geschlecht* weist Vogelsang darauf hin, dass studienstatistisch Mädchen mehr fehlendes usertechnisches Wissen aufweisen, sodass dessen Vermittlung insbesondere in dieser Geschlechtsgruppe zum Eigenschutz erforderlich sei. Sie warnt gleichzeitig davor, pädagogische Angebote zum Thema Viktimisierung ausschließlich an Mädchen zu adressieren, Angebote zum Thema Pornografie-Rezeption ausschließlich an Jungen; eine solche geschlechtertrennende Thematisierung würde den empirischen Befunden nicht gerecht. Je nach Bedarf sei konkret zu entscheiden, ob ein pädagogisches Angebot an geschlechtertrennende oder -gemischte Gruppen zu richten ist; in beiden Fällen müssten stereotype Zuschreibungen von Geschlechterrollen und heteronormative Grundananahmen vermieden werden. In der Arbeit mit Jungen sei darauf zu achten, dass die jeweiligen Nutzungsweisen von ‚gar nicht' oder ‚wenig' bis ‚viel' berücksichtigt werden. (Vgl. Vogelsang 2017: 335f.)

Außerdem geht Vogelsang auf den Punkt der möglichen Selbstbetroffenheit von Jugendlichen ein, die an pädagogischen Angeboten teilnehmen. Die Pädagog*innen bräuchten ein ausreichendes Bewusstsein dafür, dass z. B. Projektarbeit u. U. Trigger-Reize auslöst; in diesem Fall sei es Teil der pädagogischen Aufgabe, den*die betroffene*n Jugendliche*n an geeignete Beratungs- und Unterstützungsstellen weiterzuleiten und aufzuzeigen, an welche spezialisierten Fachkräfte der*die Jugendliche sich selbständig wenden könnte. – Interkulturelle Aspekte im Sinn der kultursensiblen Projektführung seien zu berücksichtigen. Besonders sei darauf zu achten, dass Pornografie-Rezeption, unterschiedliche Sexualverhaltens- und sexuelle Begehrensformen je nach kultureller und/oder religiöser Prägung unterschiedlich bewertet werden können. (Vgl. Vogelsang 2017: 336f.) – Als einzige

Autorin widmet Vogelsang den Fragen der Einbindung verschiedener Sozialisationsebenen (Stichwort z. B. Peer-Education), der fachlichen Interdisziplinarität und der institutionellen Verankerung pornografiepädagogischer Arbeit eigene Abschnitte. Dabei werden von ihr metakonzeptionelle Richtplanken skizziert, die die pädagogische Arbeit konturieren sollen: z. B. partizipative Regelformulierung für die Kommunikation über Pornografie oder die Integration der Förderung von Medien-, Gender- und Sozialkompetenz, der Sexualpädagogik und allgemeiner Gewaltprävention in den Institutionsalltag. Vogelsang betont, dass es, verglichen zur pädagogischen Relevanz, nicht genug brauchbares pädagogisches Arbeitsmaterial gebe, und fordert hier Bedarfsdeckung. (Vgl. Vogelsang 2017: 337-341) – Der wissenschaftlich nachvollziehbare Bezug auf empirische Daten ist gewährleistet. Eine abstrahierte Verknüpfung der Argumentation mit pädagogischen Praxisvorschlägen findet statt, eine konkrete bleibt weitgehend aus.

5.5. Die studienbasierte Konzeptualisierung von Gloël

Gloël spricht sich vor dem Hintergrund seiner qualitativen Studie für eine „auf Selbstbestimmung ausgerichtete Sexualpädagogik“ (Gloël 2010: 58) aus, die ohne pauschalrestriktive Verfahrensweisen auskommen müsse. Er plädiert für eine mit Blick auf ‚gelebte

Sexualität‘ diversitätsbejahende Sexualpädagogik, um dem Eindruck auf Jugendliche entgegenzusteuern, Pornografie vermittle sexualnormative Inhalte. Das pädagogische Gespräch mit den Jugendlichen sei „authentisch, sachlich und ehrlich“ (Gloël 2010: 58) zu führen – auch hinsichtlich etwaiger, wie er formuliert, Vor- und Nachteile pornografischer Darstellungsinhalte. Die individuelle Selektion des rezipierten Materials sei den Jugendlichen selbst zu überlassen, ebenso ihre Entscheidung bezüglich einer etwaigen Orientierung des eigenen Sexuallebens an den pornografischen Inhalten. Auf diese Weise könne eine Wertzuschreibung vonseiten der Pädagog*innen vermieden werden. – Als Grundvoraussetzung für pornografie-pädagogische Arbeit mit Jugendlichen markiert Gloël die Bereitschaft der Adressat*innen. Ihre Rechte auf eigene Sexualität und Intimsphäre seien zu achten. Daher seien freie Träger – auch durch die Schweigepflicht, Gewährleistung von Anonymität und das Fehlen leistungs- und wertbezogener Institutionssettings – geeigneter als Schulen, um pornografie-pädagogisch tätig zu werden. – Der wissenschaftlich nachvollziehbare Bezug auf empirische Daten ist gewährleistet. Eine abstrahierte Verknüpfung der Argumentation mit pädagogischen Praxisvorschlägen findet statt, eine konkrete bleibt weitgehend aus.

5.6. Konzeptualisierungen pornografiekritischer Autor*innen

Sohn

Um einer späteren Schädigung von Kindern und Jugendlichen durch Pornografie-Rezeption vorzubeugen, erwägt Sohn, Sexualpädagogik verstärkt schon in den Kindergärten zu praktizieren. Im Zentrum ihrer Konzeptualisierung steht die Entwicklung einer ganzheitlichen, auf positiven Körper- und Gefühlsstimuli basierenden Sexualität der Kinder. Für das frühkindliche Betreuungs- und Bildungssetting befürwortet sie pädagogische Angebote, die den Kindern einen spielerischen, erkundungsorientierten Umgang mit dem eigenen Körper ermöglichen, sowie Massagen. Der Vermittlungsauftrag der Pädagog*innen sei laut Sohn an folgenden Attributen zu orientieren: „alltäglich, angenehm, völlig normal“ (Sohn 1996: 133), enttabuisiert. An die frühkindliche Sexualpädagogik solle in der Schule fächerübergreifend angeschlossen werden. Sohn spricht sich gegen eine im Biologieunterricht funktionsmechanistische und im Religionsunterricht wertnormative Thematisierung von Sexualität aus; eine Thematisierung, die nur unzureichend durch zusätzliche didaktische Einschübe ergänzt werde (z. B. zur Empfängnisverhütung) und bei den Heranwachsenden vorrangig negative Emotionen aktiviere. Das fragmentierende, mechanistisch geprägte Sexualitätsbild, das konventionell durch den Schulunterricht vermittelt werde, korreliere mit demjenigen, das in der

Pornografie dargestellt wird. Vor diesem Hintergrund müsse auch verstärkt die Gesellschaftlichkeit von Sexualität mit einbezogen werden, d. h. die Tatsache der sozietätsrelativen Optionen und Limitierungen von Sexualität. Um auf die Ausbildung eines ganzheitlichen Sexualitätsbildes bei Heranwachsenden, Pädagog*innen und Eltern hinzuwirken, schlägt Sohn „Entspannungsübungen, Phantasiereisen, Massagen und ähnliches“ (Sohn 1996: 133) vor. Curricular wäre von der Primar- bis zur Sekundarstufe II eine exklusive Unterrichtsstunde für fächerübergreifende oder ganzheitliche Sexualerziehung zu erwägen. Sohn vertritt die Ansicht, dass durch derartige Praxisansätze das Interesse an der Pornografie-Rezeption sinken und sie den ‚Reiz des Verbotenen‘ verlieren würde. Weitere Aspekte, die Sohn für eine gelingende Pornografie-Pädagogik anführt: Auflösung von Geschlechterstereotypen; die Notwendigkeit geschlechterneutraler Rollenprofilierung vonseiten der Pädagog*innen und Eltern; Überarbeitung der Schulbücher; geschlechterneutrale und egalitäre Quotierung der Arbeitsplätze in pädagogischen Institutionen. Insgesamt zielen Sohns pädagogischen Impulse auf eine Reduktion sexistischer und pornografischer Normen. (Vgl. ebd.: 134f.) – Der wissenschaftlich nachvollziehbare Bezug auf empirische Daten ist z. T. gewährleistet; die Aufschlüsselung theoretischer und empirischer Diskursaspekte kann weitgehend kohärent als Grundlage der pädagogischen Konzeptualisierung fungieren, wird aber in der Gesamtargumentation durch die Betonung eines generalisierbaren Negativwirkpotenzials von Pornografie, das empirisch bislang nicht verifiziert ist, eingefärbt. Eine konkrete Verknüpfung der Argumentation mit pädagogischen Praxisvorschlägen findet statt.

Leimbach

In seinem Ratgeber zum Zusammenhang von Internet-Pornografie und Suchtverhalten gründet Leimbach seine pädagogische Konzeptualisierung auf der Generalthese, dass „Pornokonsum […] die sexuelle Entwicklung der Jugendlichen [stört]“[66] (Leimbach 2015: 61). Er postuliert die Notwendigkeit ‚lehrender Erwachsener‘ (Schullehrer*innen), damit Bildung von Kindern und Jugendlichen überhaupt stattfinden kann, und fokussiert den Schulunterricht als zentralen Ort der Wissensvermittlung über Pornografie. Die schulische Wissensvermittlung sieht er als Kontrapunkt zu derjenigen durch die Pornoindustrie. Als passendes Unterrichtssetting nennt er die Fächer Medienkompetenz und Sexualkunde. Mit Blick auf die gängige Unterrichtspraxis diagnostiziert er einen Kommunikations- und Lehrrückstand: „Aus Scham, Unwissenheit und eigener Unfähigkeit wird das Thema […] oft nicht angesprochen.“ (Ebd.: 69) Des Weiteren verweist er

---

[66] Aufgrund dieser Generalthese und der Gesamtanlage seines Buches wird er hier als Repräsentant einer pornografie-kritischen pädagogischen Konzeptualisierungsweise angeführt, auch wenn er einen Kapitelteil seines Ratgebers den ‚Vorteilen‘ von Pornografie(sucht) widmet. (Vgl. Leimbach 2015: 37-40)

auf das Fehlen von geeignetem Unterrichtsmaterial. Leimbach sieht als Ansatzpunkt für die Pornografie-Didaktik, Jugendliche „über Fakten zur Pornografie aufzuklären und Auswirkungen zu beschreiben." (Leimbach 2015: 69) Für didaktische ‚Anregungen' verweist er auf den theoretischen Teil seines Ratgebers.[67] Des Weiteren plädiert Leimbach dafür, Jugendliche über die Vermarktungsstrategien und Produktionskonventionen der Pornoindustrie aufzuklären, um ein kritisches Konsument*innenverhalten zu aktivieren bzw. zu fördern. Um die Jugendlichen zu motivieren, sich mit dem Thema Pornografie in pädagogischen Settings auseinanderzusetzen, plädiert Leimbach für ‚spannende Zugänge': z. B. Videos, die das Einwandern pornografischer Skriptelemente in die Werbung veranschaulichen; oder eine Einführung in die Hirnphysiologie, die beschreibt, wie die Rezeption von Pornografie im Gehirn wirkt.[68] Der Dialog über Pornografie müsse vonseiten der Pädagog*innen möglichst wertneutral angesetzt werden; dadurch würde die Bedeutungsaufladung pornografischer Inhalte reduziert, und diese würden in ihrer Wirkkraft relativiert. Außerdem müsse eine Thematisierung von zwischengeschlechtlichem Beziehungsverhalten stattfinden, inkl. der aktiven Frage, was die Jugendlichen als

---

[67] Vgl. Fußnote 74.
[68] Vgl. ebd.

‚gute Beziehung‘ ansehen. Es sei belegt, dass Jugendliche die ‚reale‘ erotische Begegnung der Rezeption von Pornografie vorziehen. Wenn Beziehungswert durch Kommunikation geklärt würde, könnte derart ebenfalls der Bedeutungsaufladung von Pornografie reduzierend begegnet werden. (Vgl. Leimbach 2015: 71f.) – Der wissenschaftlich nachvollziehbare Bezug auf empirische Daten ist weitgehend nicht gewährleistet. Eine konkrete Verknüpfung der Argumentation mit pädagogischen Praxisvorschlägen findet insofern statt, als der Ratgeber einen eigenständigen Teil mit ‚Übungen‘ enthält, die z. T. pädagogisch einsetzbar sind; die ‚Übungen‘ richten sich allerdings ausschließlich an Männer.

6. Kritisches Fazit und Ausblick

Fazit und Ausblick dieser Arbeit dienen dazu, das diskursive Geflecht zwischen rezeptionstheoretischen Argumentationen, empirischen Studienergebnissen und deren Perspektivierungen sowie pädagogischen Konzeptualisierungsaspekten mit Blick auf die Frage, ob und welche Wirkungen von Pornografie auf Kinder und Jugendliche ausgehen, kritisch zu resümieren. Dabei sollen ein besonderes Augenmerk auf die Metareflexion des diskursiven Geflechts, seine ungeklärten Stellen sowie ein Ausblick auf sinnvolle zukünftige Forschungsimpulse gegeben werden.

Nach Sichtung der komplexen, teilweise widersprüchlichen und mit Blick auf wichtige Fragen offenen Diskurslage scheint es angebracht, exemplarisch einige Differenzierungen vorzunehmen, die zeigen: jede der auffindbaren Diskurspositionierungen scheint inkonsistent, sobald sie verabsolutiert und zum Zweck der Totalwiderlegung der jeweils anderen Positionierungen eingesetzt wird.

Vollbrecht gibt zu bedenken, „dass Jugendliche von der gesellschaftlichen Aufgeregtheit der Pornodebatte weitgehend unbeeindruckt sind und diese oftmals kritisieren und sogar belächeln." (Vollbrecht 2016: 143) Vordergründig korreliert diese Aussage mit der weiten Mehrzahl empirischer Studienergebnisse und scheint so eine Art Hysterisierung des Diskurses rückzuspiegeln. Die Rückspiegelung erfolgt vonseiten derjenigen, die wissenschaftlich und pädagogisch ‚beäugt' werden, in Richtung derjenigen, die entsprechend ‚beäugen'. Lewandowski macht darauf aufmerksam, dass der öffentliche Diskurs um Pornografie-Wirkung eigentlich von nur einer einzigen Gruppe grundsätzlich und dominant geführt wird. Diese Gruppe rekrutiert sich nicht primär aus wissenschaftlichen Akteur*innen, sondern aus Akteur*innen des Sozialberufssektors. Konkret werden genannt: „Sozialarbeiter, Sozialpädagogen, Sexualberater, Therapeuten, Selbsthilfegruppen, Einrichtungen der Jugendhilfe usw." (Lewandowski 2015: 36) Diese Akteur*innen sind seiner Argumentation nach für die Kultivierung einer emphatisch aufgeladenen, hegemonialen Diskursebene verantwortlich, die – aus berufslegitimierendem Eigeninteresse[69] und abstrahiert von empirischen Befunden – die „‚Pornografisierung' der Gesellschaft, der Massenmedien, der Jugend, der Popkultur usw." (Ebd.: 35) konstatiert. Dabei werde kurzschlusshaft vom Klientel der eigenen täglichen Arbeit, das nicht bevölkerungsrepräsentativ ist, auf die gesamte Bevölkerung fehlgeschlossen. (Vgl. ebd.: 37) Beide Faktoren zusammen – die Selbstbezogenheit

---

[69] Laut Lewandowski würde „Soziale Arbeit [...] ihres Gegenstands, ihres Auftrags und nicht zuletzt ihrer Legitimation verlustig [gehen], wenn es nicht gelänge, gesellschaftliche Phänomene erfolgreich als *soziale Probleme* zu definieren und die eigenen Tätigkeiten auf dieser Grundlage als gesellschaftlich relevante Dienstleistungen zu inszenieren." (Lewandowski 2015: 36)

des Diskursanlasses und der induktive Fehlschluss in der Argumentationslogik – können erklären, wie es, auch historisch gesehen, dazu kommen konnte, dass sich mit Blick auf die Pornografie-Rezeption von Kindern und Jugendlichen eine Diskurslinie verselbständigt hat, die öffentlichkeitsmächtig von Begriffen wie ‚Sorge', ‚Gefahr', ‚Gefährdung', ‚Risiko' und ‚schädlich' getragen wird, deren prognostischen Annahmen a posteriori aber kaum studienempirisch bestätigt werden. So gesehen, scheint es wissenschaftlich und pädagogisch folgerichtig, diese Diskurslinie durch empirische Forschungsmethodik zu befragen und sie – auch weil in der pornografie-kritischen Diskurstradition zumeist a priori und weitgehend ausgeblendet – mit der verifizierbaren „Widerständigkeit und Eigensinnigkeit der Subjekte" (Vollbrecht 2016: 124) zu konfrontieren.

Hintergründig bleibt allerdings zu fragen, inwiefern die alternative, aktuell in der Wissenschaft fast paradigmatische Diskursauffassung, dass das „Risiko einer entwicklungsbeeinträchtigenden Wirkung altersunangemessener sexueller Medieninhalte [...] als gering und wenig wahrscheinlich einzuschätzen" (Ebd.: 143) sei, gefestigt ist, wenn a) die Forschungsperspektive weit überwiegend weg von den Pornografie-Wirkungen hin zur Pornografie-Nutzung gelenkt wird und b) methodisch fundierte (Langzeit-)Studien zu Pornografie-Wirkungen nach wie vor ausstehen. In die Diskurslinie der Nutzungskompetenz-Theoretiker*innen und Nutzungsanalyst*innen fließen leitmotivische

Phrasen wie die ,Veralltäglichung der Pornografie bei Jugendlichen' ein; Phrasen, bei denen es sich, genauer betrachtet, um eine Art habitualisierter Beschwichtigungsrhetorik handeln könnte. Hipfl weist darauf hin, dass eine fundierte empirische Forschungspraxis „sich nicht nur mit Aussagen und Interpretationen von Befragten zufrieden geben [darf], sondern Verbindungen zu den größeren sozialen, ökonomischen, politischen, kulturellen Relationen herzustellen" (Hipfl 2015: 29) habe. Unter dem Schlagwort der *Sexualitäts-Assemblagen* will sie, anstatt allein auf einzelne Nutzer*innen-Subjekte zu referieren, das Konglomerat von sog. ,Affektströmen' untersucht wissen, die sich a) als transpersonale Faktoren des Einflusses auf Sexualität[70] ergeben und b) als Regulations- und Bindungskräfte dessen fungieren, was Menschen in ihrer Sexualität konkret ausagieren können und dürfen bzw. was nicht. (Vgl. ebd.: 29) Warum eine solche transpersonale Forschungsperspektive wichtig sein könnte, soll im Folgenden exemplarisch am Topos *Gewalt in Pornografie* veranschaulicht werden:

Lemke und Weber äußern, dass gewalthaltige Pornografie für Kinder und Jugendliche leicht verfügbar ist. (Vgl. Lemke; Weber 2016: 94) Dines stellt die sog. Gonzo Pornos als dasjenige Pornografie-Untergenre

---

[70] Als Beispiele solcher Einflussfaktoren nennt Hipfl: „Heteronormativität, hegemoniale Schönheitsideale, Geschlechterstereotypen und kulturelle Codes von sexuellem Verhalten" (Hipfl 2015: 29).

heraus, „welches überall im Netz zu finden ist und heute eine der größten Einnahmequellen der Pornoindustrie ist. Darin wird zumeist körperlich schmerzhafter Hardcore-Sex dargestellt“ (Dines 2014: 11). Während ihrer Feld-Investigation bei einer internationalen Pornografie-Messe wird die Einschätzung, dass gewalthaltige Pornografie auf dem Vertriebsmarkt ‚normalisiert‘ sei, aus Produzent*innenkreisen bestätigt. (Vgl. ebd.: 26) Wenn gewalthaltige Pornografie sowohl im Vertrieb als auch in der Rezeption[71] gegenwärtiges Mainstream-Agreement ist, schließen sich daran begründete Fragen an, was eine mögliche Rezeptionswirkung bei Kindern und Jugendlichen betrifft. Z. B.: Nehmen die Rezipient*innen eine ‚normalisierte‘ Gewalt noch als Gewalt wahr? Verstehen sie, dass, auch wenn Pornografie ‚fiktional‘ ist, die Gewalt darin ‚real‘ stattfindet, da der Sex nicht gespielt, sondern praktiziert wird? Werden gewalthaltige Skriptelemente des Sexualverkehrs, wie sie etwa im sog. Gonzo Porno konventionalisiert sind (z. B. Oralsex mit sog. Deep Throat bis zum Würgereflex der

[71] Gail Dines referiert die Ergebnisse einer Studie, nach der von „den 50 am häufigsten ausgeliehenen Pornofilmen die Mehrheit Szenen sowohl physische[r] als auch verbale[r] Misshandlungen der weiblichen Darsteller enthält. […] Die Forscher schlossen daraus, dass ‚wenn wir physische und verbale Aggression kombinieren, unsere Ergebnisse zeigen, dass fast 90% der Szenen mindestens einen aggressiven Akt enthalten bei einem Durchschnitt von fast 12 aggressiven Handlungen pro Szene.‘“ (Dines 2014: 26)

Darstellerin, Mehrfachpenetration der Darstellerin von 2 oder 3 Männern gleichzeitig, Bukkake-Szenen mit Zwang zur oralen Aufnahme des Ejakulats mehrerer Männer etc.), von Rezipient*innen lediglich als ‚(außer)gewöhnliche sexuelle Spielarten' interpretiert oder souverän in ihrem Extremgehalt erkannt? Eine transpersonale Forschungsanlage, wie Hipfl sie fordert, müsste ausloten, inwiefern durch die mediale ‚Normalisierung' gewalthaltiger Pornografie u. U. solche ‚Affektströme' kommuniziert werden, die bei Rezipient*innen zu einer Wahrnehmungsnivellierung führen und die Qualifizierung von Gewalt als Gewalt beeinträchtigen (können). In dieser Hinsicht wäre besonders zu berücksichtigen, dass, wie Studien belegt haben, Kinder und Jugendliche oft früher pornografische Inhalte rezipieren, als sie erste praktische pubertäre Sexualerfahrungen machen. Da durch eine gewalthaltige *Sexualitäts-Assemblage* subtextuell auch eine moralische Botschaft dahingehend kommuniziert wird, was beim Sex getan werden darf und was nicht, wäre ebenfalls auszuloten, ob Pornografie-Rezipient*innen im Kinder- und Jugendalter eine realistische Einschätzung davon haben, wie Pornodarsteller*innen sich bei dem, was sie tun, fühlen und wie eventuelle Schmerzen/Verletzungen von Pornodarsteller*innen ethisch-moralisch zu bewerten seien.[72] Bislang kann

---

[72] Die Frage nach der realistischen Einschätzung des Gewaltgehalts von Pornografie und dessen moralisch-ethischer Bewertung stellt sich mit Blick auf die Produktionsbedingungen von

nicht ausgeschlossen werden, dass Pornografie-Rezeption allgemein, insbesondere aber bei Kindern und Jugendlichen, zu einer Habitualisierung hinsichtlich Gewaltdarstellungen führt bzw. führen kann, in deren Zuge die Auswirkungen von Gewalt unrealistisch bis marginalisierend eingeschätzt werden. Auch eine hiermit einhergehende mögliche Demoralisierung bei/ durch Pornografie-Rezeption ist nicht auszuschließen. Zieht man zusätzlich in Betracht, wie ungenau bis z. T. willkürlich anmutend der Begriff ‚Gewalt' im Pornografie-Diskurs und -Forschungsmetier verwendet wird, wäre auch zu fragen, inwiefern u. U. eine gesamtgesellschaftliche Habitualisierung hinsichtlich

---

pornografischen Filmen dringend. So ‚normalisiert' die Rezeption von Pornografie mittlerweile in der Gesellschaft ist, so tabuisiert sind die alltägliche Gewalt gegen Pornodarsteller*innen am Dreh-Set und die Einschüchterung der Darsteller*innen durch Knebelverträge mit Strafgelddrohungen. In einer ZDF-Dokumentation berichten 2 ehemalige Pornodarstellerinnen von ihren Erfahrungen: anale Vergewaltigung mit medizinisch nicht versorgten Fissuren, Würgepraktiken, o. g. Vertragskonditionen u. a. (Vgl. Stracke/ZDF 2019: Minuten 12:30-13:49 und 20:42-21:17) Wenn Kinder und Jugendliche, die Pornografie rezipieren, über die Produktionsbedingungen pornografischer Filme aufgeklärt würden, ließe sich im Sinn der Forschungsanlage, die Hipfl fordert, untersuchen, welche ‚Affektströme' mit solch einer Aufklärung verbunden wären. Vielleicht würde sich die spontane Bewertung von Pornografie vonseiten der Rezipient*innen ändern, was mit einer zumindest *kognitiven* und/oder *affektiven* Wirkungsverschiebung pornografischer Inhalte einherginge. – Forschungsprojekte zur wissenschaftlichen Auslotung produktionsbedingter Gewalt von Pornografie sind unterrepräsentiert.

pornografisch dargestellter Gewalt in Gang ist, die bis in die Wissenschaft und Pädagogik hineinreicht. Vor diesem Hintergrund erscheint die umfassend kritische, d. h. auch produktionskontextuelle und darsteller*innen-empathische Reflexion von Pornografie eine zentrale pädagogische Aufgabe. Ausgeprägt pornografieliberale pädagogische Konzeptualisierungssegmente wie bei Korte (pädagogische Totalabstinenz bezüglich etwaiger Wertaussagen über ‚gute' oder ‚schlechte' Medieninhalte) oder Gloël (generelle Entscheidungsfreiheit der Jugendlichen bezüglich der Orientierung des eigenen Sexuallebens an pornografischen Darstellungsinhalten) scheinen solange einseitig, wie ihnen keine dezidierten kritischen (Selbst-)Aufklärungs- und Reflexionsvorschläge für Kinder und Jugendliche zur Seite gestellt werden.

Allgemein lässt sich noch festhalten, dass es signifikanten Nachjustierungsbedarf dahingehend gibt, empirische Forschungen zu den Wirkungen von Pornografie auf Kinder und Jugendliche sowie pädagogische Konzeptualisierungen zum Thema nicht ideologisch einzubetten. Solche Einbettungen können im Extremfall z. B. zu Forschungssettings führen, die eine Stigmatisierung der beforschten Klientel begünstigen bzw. beinhalten,[73] oder zu wissenschaftlich haltlosen,

---

[73] Ein anschauliches Beispiel für solch ein Forschungssetting bietet die qualitative Milieustudie von Stähler. (Vgl. Kapitel 4.2.6. dieser Arbeit.) Sie reproduziert bereits in ihrer Anlage

unseriösen Argumentationskopplungen.[74] Des Weiteren scheint eine Überprüfung des diskursiven Umgangs mit Begriffen wie ‚(Sozial-)Schädlichkeit' und ‚(sozial)schädlich' erwägenswert sowie eine Überprüfung ihres Framings. Semantisch gilt erstmal: was

---

zwei Diskursprinzipien, die laut analytisch-kritischer Diskursaufarbeitungen von Hipfl und Lewandowski Stigmatisierungen oder sogar Diskriminierungen Vorschub leisten. Hipfl schreibt: „Das unschuldige, in sexueller Hinsicht gefährdete Kind [aus der weißen Mittel- und Oberschicht; Anm. d. Verf.] wird durch seinen Gegenpol, das sexuell wissende Kind, das aus armen Familien oder Familien mit einem anderen kulturellen, [sic] oder ethnischen Hintergrund stammt, konstruiert." (Hipfl 2015: 18f.) Lewandowski schreibt: „Die Sorge um Pornografie und Pornografiekonsum erweist sich [...] in erster Linie als *Sorge um die Sexualität und das Begehren der Anderen*" (Lewandowski 2015: 35. Vgl. auch Vollbrecht 2016: 133), also „jener Gruppen, denen sie selbst [die sich Sorgenden; Anm. d. Verf.] nicht angehören." (Lewandowski 2015: 35)

[74] Ein anschauliches Beispiel für solche Argumentationskopplungen bietet der Ratgeber von Leimbach (Vgl. Kapitel 5.6. dieser Arbeit): etwa wenn Leimbach für didaktische ‚Anregungen', um den Jugendlichen Wissen über die Wirkungen von Pornografie zu vermitteln, auf den theoretischen Teil seines Ratgebers verweist. Der Theorieteil ist weitgehend ohne Bezug zu empirischen Daten und kompiliert vor allem wirkungstheoretische Annahmen und Befürchtungen. Auch ist sein Vorschlag, durch Unterrichtseinheiten zur Hirnphysiologie das Interesse der Jugendlichen zu gewinnen, zwar kohärent; allerdings lassen sich aus hirnphysiologischen Erklärungen keine generalisierten Ableitungen dahingehend treffen, wie Pornografie auf Kinder und Jugendliche wirkt. Letzteres anzunehmen, widerspricht der Tatsache, dass Kinder und Jugendliche – je nach persönlich-biografischen, sozialisationsbedingten, situativ stimmungsabhängigen und anderen subjektiven Nutzungsfaktoren – unterschiedlich auf pornografische Inhalte reagieren.

‚schädlich' ist, macht (potenziell) kaputt. Eine empirische Aufschlüsselung davon, in welcher Form, Intensität und Nachhaltigkeit Kinder und Jugendliche sowie ihre sozialen Beziehungen durch Pornografie-Rezeption (potenziell) ‚geschädigt' werden, ist bis heute nur unzureichend erfolgt. Daher braucht das Diskurs-Framing von als schlecht und ungewollt apostrophierten Pornografie-Wirkungen möglicherweise neue sprachliche Vorschläge.

Kortes Fazit zum gegenwärtigen Diskurs- und wissenschaftlichen Erkenntnisstand balanciert zwischen der ‚Verteufelung' internetpornografischer Inhalte und ihrer (potenziellen) Wirkung auf Kinder und Jugendliche einerseits sowie andererseits einer in seinen Augen unangebrachten, „pauschale[n] Unbedenklichkeitserklärung für *alle* Arten von Pornografie und für *jede* Altersgruppe" (Korte 2018: 202). Er markiert folgende Aufgaben für zukünftige Forschungsvorhaben zum Thema (Vgl. ebd.: 202f.):

- grundsätzlich eine stärkere und ausdifferenzierte Berücksichtigung des Faktors *Rezipient*innen-Alter(sgruppen)*
- weiterführende Untersuchungen zu zwei ungelösten Kernfragen:

a) Wie wirkt sich die Rezeption diverser Pornografie-*Arten* speziell auf jüngere Kinder und auf das Klientel bestimmter Risikogruppen aus?

b) Welche Relevanz hat der Faktor Rezeptions*quantität*?

Korte hält es prinzipiell für angebracht, „eine nicht ausschließlich defizitorientierte, sondern auch ressourcenorientierte Perspektive einzunehmen und potenziell protektive (Resilienz-)Faktoren zu berücksichtigen." (Korte 2018: 203) Vollbrecht sieht mit Blick auf mittlerweile sehr verbreitete Praktiken wie Sexting u. ä. Forschungsbedarf „für den Bereich der jugendlichen Eigenproduktionen von Pornographie [...]" (Vollbrecht 2016: 144). Auch besteht ein hoher Aufholbedarf dahingehend, die Pornografie-Wirkung auf Kinder und Jugendliche in repräsentativen Langzeitstudien nachhaltig und dezidiert zu untersuchen. Die Relation zwischen der Einwanderung pornografischer Skripte in Werbung, Musik und andere populärkulturell-mediale Angebotsformate und der so entstehenden etwaigen Möglichkeit der Skripte, auf Kinder und Jugendliche zu wirken, bleibt ebenfalls empirisch zu untersuchen (inkl. der Vermittlung von Schönheitsidealen, Geschlechterrollenbildern u. a.).

Literaturverzeichnis

Aigner, Josef Christian; Hug, Theo; Schuegraf, Martina; Tillmann, Angela (Hrsg.) (2015): Medialisierung und Sexualisierung. Vom Umgang mit Körperlichkeit und Verkörperungsprozessen im Zuge der Digitalisierung. Springer VS: Wiesbaden.

Bader, Michael (2016): PorNO! Radikalfeministische Positionen gegen Pornographie. In: Schmidt, A. (Hrsg.): Pornographie. Im Blickwinkel der feministischen Bewegungen, der Porn Studies, der Medienforschung und des Rechts. Schriften zur Gleichstellung Bd. 42. Nomos Verlagsgesellschaft: Baden-Baden.

Bellmund, Anja (2011): Sexuelle Fehlentwicklung im Jugendalter. Kritische Analyse eines aktuellen Mediendiskurses. Tectum Verlag: Marburg.

Dines, Gail (2014): Pornland. Wie die Pornoindustrie uns unserer Sexualität beraubt. Essay. Verlag André Thiele: Mainz.

Gloël, Andreas (2010): Der Einfluss des Konsums von Pornographie während der frühen und/oder mittleren Adoleszenz auf das Sexualverhalten. Eine qualitative Studie mit jungen Männern. Diplomica Verlag: Hamburg.

Heuser, Björn (2013): Pornografie und Gewaltdarstellungen im Jugendschutzrecht. Zur Notwendigkeit und zum Anwendungsbereich der Beschränkungen von Medienangeboten mit Pornografie oder Gewaltdarstellungen aus jugendmedienschutzrechtlicher Sicht. Verlag Dr. Kovač: Hamburg.

Hipfl, Brigitte (2015): Medialisierung und Sexualisierung als Assemblagen gegenwärtiger Kultur – Herausforderungen für eine (Medien)Pädagogik jenseits von „moral panic“. In: Aigner, Josef Christian; Hug, Theo; Schuegraf, Martina; Tillmann, Angela (Hrsg.): Medialisierung und Sexualisierung. Vom Umgang mit Körperlichkeit und Verkörperungsprozessen im Zuge der Digitalisierung. Springer VS: Wiesbaden.

Korte, Alexander (2018): Pornografie und psychosexuelle Entwicklung im gesellschaftlichen Kontext. Psychoanalytische, kultur- und sexualwissenschaftliche Überlegungen zum anhaltenden Erregungsdiskurs. Beiträge zur Sexualforschung Bd. 107. Psychosozial-Verlag: Gießen.

Kromer, Gaye Suse (2008): Obszöne Lust oder etablierte Unterhaltung? Zur Rezeption pornografischer Filme. Diplomica Verlag: Hamburg.

Lemke, Richard; Weber, Mathias (2016): Was wir über Pornografie wissen (und warum wir vieles nicht wissen). In: Schmidt, Anja (Hrsg.): Pornographie. Im

Blickwinkel der feministischen Bewegungen, der Porn Studies, der Medienforschung und des Rechts. Schriften zur Gleichstellung Bd. 42. Nomos Verlagsgesellschaft: Baden-Baden.

Leimbach, Bjørn Thorsten (2015): Internet Porno. Die neue Sexsucht. Ein Ratgeber für Männer, Frauen und Eltern. Ellert & Richter Verlag: Hamburg.

Lewandowski, Sven (2012): Die Pornographie der Gesellschaft. Beobachtungen eines populärkulturellen Phänomens. Reihe: Sozialtheorie. transcript Verlag: Berlin.

Lewandowski, Sven (2015): Hardcore? Über die Anschlussfähigkeit der (Selbst-)Beschreibung der Gesellschaft als „pornographisiert". In: Aigner, Josef Christian; Hug, Theo; Schuegraf, Martina; Tillmann, Angela (Hrsg.): Medialisierung und Sexualisierung. Vom Umgang mit Körperlichkeit und Verkörperungsprozessen im Zuge der Digitalisierung. Springer VS: Wiesbaden.

Money, John (1986): Lovemaps. Clinical Concepts of Sexual/Erotic Health and Pathology, Paraphilia, and Gender Transposition in Childhood, Adolescence, and Maturity. Irvington: New York.

Rihl, Alexander (2015): Pornografie und Wirkung. Eine explorative Studie zu jugendlicher Pornografierezeption. In: Aigner, Josef Christian; Hug, Theo; Schuegraf, Martina; Tillmann, Angela (Hrsg.): Medialisierung und

Sexualisierung. Vom Umgang mit Körperlichkeit und Verkörperungsprozessen im Zuge der Digitalisierung. Springer VS: Wiesbaden.

Schmidt, Anja (Hrsg.) (2016): Pornographie. Im Blickwinkel der feministischen Bewegungen, der Porn Studies, der Medienforschung und des Rechts. Schriften zur Gleichstellung Bd. 42. Nomos Verlagsgesellschaft: Baden-Baden.

Sohn, Friederike (1996): Pornographie. Anleitung zur sexuellen Gewalt? Verlag Dr. Kovač: Hamburg.

Stähler, Heike-Rebecca (2014): Generation Porno. Jugend zwischen Pornographie und Sexualität. disserta Verlag: Hamburg.

Starke, Kurt (2010): Pornografie und Jugend – Jugend und Pornografie. Eine Expertise. Pabst Science Publishers: Lengerich.

Steffen, Nicola (2014): Porn Chic. Die Pornifizierung des Alltags. Deutscher Taschenbuch Verlag: München.

Vogelsang, Verena (2017): Sexuelle Viktimisierung, Pornografie und Sexting im Jugendalter. Ausdifferenzierung einer sexualbezogenen Medienkompetenz. Reihe: Medien und Gesellschaft. Band 37. Springer VS: Wiesbaden.

Vollbrecht, Ralf (2016): Pornografienutzung im Jugendalter und ihre Folgen aus medienpädagogischer Sicht. In: Schmidt, Anja (Hrsg.): Pornographie. Im Blickwinkel der feministischen Bewegungen, der Porn Studies, der Medienforschung und des Rechts. Schriften zur Gleichstellung Bd. 42. Nomos Verlagsgesellschaft: Baden-Baden.

Verzeichnis der Internetquellen:

Textquellen:

Döring, Nicola (2011). Pornografie-Kompetenz: Definition und Förderung. In: Zeitschrift für Sexualforschung 24. http://www.nicola-doering.de/wp-content/uploads/2014/08/D%C3%B6ring-2011-Pornografie-Kompetenz.pdf (aufgerufen am 02.10.2019; kontrolliert am 18.11.2019)

Duden (2019): https://www.duden.de/rechtschreibung/Pornografie (aufgerufen am 16.10.2019; kontrolliert am 16.11.2019)

Schirra, Jörg R. J. (2013): Typologien der Medien. http://www.gib.uni-tuebingen.de/netzwerk/glossar/index.php?title=Typologien_der_Medien (aufgerufen am 07.10.2019; kontrolliert am 16.11.2019)

Sciaraffa, Jessica (2015): The Relationship Between Violent Media, Pornography, and Cyber Dating Abuse Among Adolescents. https://pdfs.semanticscholar.org/0ebd/d7d4826d773bb62b19c015042fd0b 9e5dc44.pdf (aufgerufen am 09.11.2019; kontrolliert am 16.11.2019)

Steffen, Wiebke (2011): Neue Medienwelten – Herausforderungen für die Kriminalprävention? Gutachten für den 16. Deutschen Präventionstag 30. & 31. Mai 2011 Oldenburg. https://www.praeventionstag.de/dokumentation/download.cms?id=1466 (aufgerufen am 21.10.2019; kontrolliert am 16.11.2019)

Filmquellen:

Stracke, Christian/ZDF (2019): Milliardengeschäft Porno – Gefahr aus dem Internet. https://www.youtube.com/watch?v=CtSBppKBA1o&t=786s (aufgerufen am: 25.09.2019; kontrolliert am 16.11.2019)